DIE GESCHICHTE DER U-BOOTE

DIE GESCHICHTE DER U-BOOTE

ANTONY PRESTON

Leitartikel und Umschlag von Brown Packaging Books Ltd
Bradley's Close
74-77 White Lion Street
London N1 9PF

Herausgeber: Anne Cree
Design: Wilson Design Associates
Auswahl der Abbildungen: Antony Preston und Ken Botham

Fotos
über Antony Preston: 6, 10, 11, 12, 15, 16, 19, 26, 40-41, 46, 47, 49, 55, 60, 61, 72, 73, 87, 90, 95, 96, 97, 101, 102, 103, 108-109, 121, 131, 132, 133, 139, 140, 141, 142
TRH Pictures: 2-3, 9 (beide), 13, 20, 23, 24, 27, 28, 29, 32, 33, 35, 38-39, 42, 45, 48, 50 (beide), 51, 53, 54, 58, 62, 64, 66 (beide), 67, 69, 70, 71, 76-77, 78, 84, 86, 88, 91, 92-93, 94, 104, 106, 109, 111, 112, 113, 114, 115, 116, 117, 118-119, 120, 122, 124, 125, 126-127, 128, 130, 135, 137, 138-139, Rücken

Zeichnungen
Aerospace Publishing: 18, 25, 31, 36, 37, 41, 44, 56, 65 (beide), 71, 74, 75, 82, 83, 92, 110, 123
Istituto Geografico de Agostini S.p.A.: 12, 14-15, 17, 22-23, 24-25, 26, 28, 30, 46-47, 51, 52 (beide), 68-69, 98-99, 112-113.

Titel der Originalausgabe:The World's Great Submarines
Übertragung aus dem Englischen: Jürgen Brust M. A.
Lektorat: Aliya Bohnsack

ISBN 3-86070-697-7

INHALT

KAPITEL 1

Die ersten U-Boote

Vom U-Boot haben Erfinder seit Jahrhunderten geträumt, aber erst im letzten Jahrhundert ließ sich das Unterwassergefährt realisieren. Vor der Jahrhundertwende war das U-Boot kaum mehr als ein teures Spielzeug und oft für die Besatzung gefährlicher als für den Feind. Trotzdem erkannten die Marinen schnell das Potential des U-Boots.

Der Traum unter Wasser zu reisen, scheint die Erfinder genauso fasziniert zu haben wie der Wunsch zu fliegen. Die ersten praktischen Versuche begannen im 16. Jahrhundert. 1578 beschrieb der Engländer William Bourne in *Inventions and Devices* ein untertauchbares Boot. Gebaut hat er es nicht, aber er hat das wesentliche genau erfasst: Einen wasserdichten Schiffskörper, Tauchzellen und eine Vorrichtung, die zum Auftauchen Seewasser aus diesen Tauchzellen herausdrückt. Der hölzerne Schiffskörper hatte Lederbeutel in den Bilgen, die durch Löcher in der Bootsflanke mit Wasser gefüllt werden konnten. So wurde dem Auftrieb entgegen gewirkt. Zum Auftauchen drückten zwei Spindelpressen das Wasser wieder hinaus. Bourne schlug sogar einen hohlen Mast für die Frischluftversorgung vor.

LINKS: Rekonstruktion von David Bushnells *Turtle* nach originalen Aufzeichnungen. Das kleine U-Boot war durchdacht und praktisch, nur die Bedienung war sehr mühselig.

Es gab aber auch einige Nachteile. Bourne sagt nichts zum Antrieb. Er wird aber wohl Ruder vorgesehen haben. Wie spätere Erfinder feststellten, konnte auch ein Luftmast den erschöpften Ruderer nicht mit genügend Sauerstoff versorgen. Es wird auch nicht gesagt, ob die Erfindung für kriegerische oder friedliche Zwecke vorgesehen ist. Für den Fall eines kriegerischen Einsatzes ist jedenfalls keine Angriffswaffe vorhanden.

1624 fuhr der holländische Naturforscher Cornelius van Drebbel nach England, um zwei seiner Konstruktionen vorzuführen. Im Gegensatz zu Bournes Erfindung erfolgte das Abtauchen nur über die Ruder, was wesentlich anstrengender war. Man sagt, dass er König James I. dazu überredet hätte, für eine Unterwasserfahrt in sein Boot einzusteigen. Behauptungen, dass diese Fahrt mehrere Stunden gedauert habe, können als maßlose Übertreibung abgetan werden. Während des nächsten Jahrhunderts gab es immer mehr U-Boot-Erfinder. Einige waren Scharlatane, andere waren bis zum Selbst-

Oben: Die *Nautilus* von Robert Fulton unter Segeln (oben) und bei der Unterwasserfahrt (unten). Wie die *Turtle* kam auch die *Nautilus* nie zum Einsatz.

mord davon besessen. 1773 tauchte ein Zimmermann namens Day erfolgreich im Plymouth Sound. Er benutzte Felsbrocken als Ballast, die außen angebracht und abnehmbar waren. Der zweite Tauchversuch endete in einem Desaster, als der Schiffskörper in einer Tiefe von 40 m zusammenbrach. Lord Sandwich, der damalige Marineminister, war gerade zu Besuch in Plymouth. Er befahl der Royal Navy einen Rettungsversuch zu starten, den ersten seiner Art.

EIN PLUMPES GERÄT

Der Ausbruch des Unabhängigkeitskrieges in Amerika inspirierte den jungen Yale-Absolventen David Bushnell, ein „Unterwasserfahrzeug" zu bauen, um die Blockade der amerikanischen Häfen durch die Royal Navy zu durchbrechen. Seine *Turtle* (Schildkröte) war ein eiförmiger hölzerner Schiffskörper mit Platz für einen Bediener, der ein Ruder und eine Propellerschraube betätigen musste. Zwei Pumpen sorgten dafür, dass der Wasserballast abgepumpt wurde. Mit einem vertikalen Bohrer war der Bediener auch in der Lage, eine Ladung Schießpulver am Kiel eines feindlichen Schiffes anzubringen. Obwohl das kleine Tauchboot den Krieg nicht überstand, schrieb Bushnell 1787 eine detaillierte Beschreibung für Thomas Jefferson, anhand derer die Smithsonian Institution zwei Jahrhunderte später ein genaues Modell des Tauchbootes baute.

Die *Turtle* machte Geschichte, weil sie den ersten Unterwassereinsatz ausführte. 1776 paddelte ein Sergeant der Army namens Ezra Lee den Hudson River hinunter, um Lord Howes Flaggschiff, die HMS *Eagle* mit 64 Geschützen, anzugreifen. Lee ortete das Ziel und bemühte sich tapfer, die explosive Ladung am Kiel anzubringen. Der Bohrer brach jedoch und zwang Lee, seinen Rückweg flussaufwärts anzutreten. Es wurde damals angenommen, dass die Kupferbeplankung am Kiel der HMS *Eagle* das Eindringen der Schraube verhindert hatte. 200 Jahre lang gab es keinen Grund, daran zu zweifeln. Neueste Nachforschungen in den Aufzeichnungen der Admiralität ergaben jedoch, dass die HMS *Eagle* erst beträchtliche Zeit später eine Kupferbeplankung erhielt. Das lässt nur zwei Erklärungen zu: Entweder stieß Ezra Lee auf eiserne Befestigungen, vielleicht in der Nähe des Ruders, oder er litt an dem narkotisierenden Effekt, der durch das zu lange Einatmen seiner ausgeatmeten Luft entstanden war. Die einsetzende Trägheit im Zusammenhang mit körperlicher Erschöpfung könnte nach Auffassung moderner Taucher ausreichend gewesen sein, den tapferen Sergeant zu entmutigen.

Zwei weitere Angriffe durch die *Turtle* fanden später statt, aber ohne Erfolg. Das kleine Tauchboot ging schließlich verloren, als es an Bord einer Fregatte auf Grund lief. Ein anderer Amerikaner, Robert Fulton, trieb die Entwicklung von U-Booten voran. Im Gegensatz zu Bushnell war er ein leidenschaftlicher Pazifist, der Kriegsschiffe zerstören und die Welt von den teuren und unterdrückenden Waffen befreien wollte. Wie viele Idealisten baute er auf die französische Revolution. Der fast bankrotte Konvent konnte allerdings den Preis für Fultons Plan, die Royal Navy auszulöschen, nicht aufbringen. Der empörte Erfinder wandte sich mit seiner Idee an Holland. Dort wollten die sparsamen Bürger den geforderten Preis auch nicht zahlen. Zwei Jahre später kehrte Fulton nach Frankreich zurück und wurde seinen Prinzipien untreu, indem er seine Konstruktion ausgerechnet an Napoleon verkaufte, den Mann, der französische Militärmacht benutzte, um Europa zu unterwerfen. Mit finanzieller Unterstützung des Ersten Konsuls konnte nun die Arbeit beginnen. Im Frühjahr 1800 wurde die *Nautilus* zu Wasser gelassen.

Das neue Tauchboot war viel größer als die *Turtle.* Der zylindrische Schiffskörper bestand aus einem eisernen Rahmen mit Kupferbeplankung. Die Besatzung von drei Mann musste immer noch rudern, aber die *Nautilus* verfügte über ein kleines Segel, das die Fahrt über Wasser erleichterte. Nach mehreren Tauchversuchen in der Seine wurde sie nach Brest gebracht, wo der Marinepräfekt die Aussicht auf die U-Boot-Kriegführung zu unmenschlich fand. Nach Fultons unverschämten

OBEN: Mit Wilhelm Bauers *Brandtaucher* wurde 1850 die dänische Blockade gebrochen. Einen Monat später sank er. Bauer baute dann ein britisches U-Boot für den Krimkrieg.

RECHTS: Im Februar 1864 versenkte die CSS *Hunley* die USS *Housatonic* mit einem Stangentorpedo. Jahre später wurde die *Hunley* neben dem Wrack ihres Opfers entdeckt.

Forderungen und unbelegten Behauptungen über Angriffe auf britische Schiffe vermuteten die Franzosen allmählich, dass sie es mit einem Schwindler zu tun hätten. Dies schien sich zu bewahrheiten, als Fulton 1804 nach London fuhr und versuchte, sein Geheimnis dem britischen Premierminister William Pitt zu verkaufen. Obwohl er überzeugend eine Brigg in die Luft jagte, lehnte die Admiralität jeglichen Handel mit dem Amerikaner ab. Lord St. Vincent verurteilte Pitt „als den größten Narren, der jemals existierte, wenn er diese Art von Kriegführung unterstützt, da die Beherrscher der See dieselbe nicht wünschen, weil sie ihnen die Herrschaft rauben könnte." Obwohl die Meinung des alten Seebären allgemein als reaktionär und dumm bezeichnet wurde, hatte er insofern Recht, dass das U-Boot noch zu primitiv war, um die Seekriegführung zu beeinflussen. Bis ein sicherer mechanischer Antrieb vorhanden war und eine effektivere Waffe als ein Fass Schießpulver mit einem Zeitzünder besaß, war das U-Boot dazu verurteilt, ein Spielzeug zu bleiben, das für die Bediener tödlicher war als für den Feind.

Während des langen Friedens nach den Napoleonischen Kriegen blieb es um die Erfindung des U-Boots sehr still. Als jedoch 1850 der Krieg zwischen Dänemark und Preußen ausbrach, entwickelte der bayerische Artilleriefeldwebel Wilhelm Bauer den Plan, die dänische Blockade von Kiel zu brechen. Sein U-Boot *Brandtaucher* war ein rechteckiger Blechbehälter, angetrieben durch eine Handkurbel. Wasser wurde als Ballast zum Tauchen aufgenommen, das Manövrieren unter Wasser erfolgte aber mit Hilfe eines schweren Gewichts, das vor und zurück bewegt wurde.

Der erste Tauchgang des *Brandtauchers* Ende 1850 endete erfolgreich und führte zum Ende der dänischen Blockade. Nur knapp einen Monat später kam es jedoch zu einer Katastrophe. Während der *Brandtaucher* im

OBEN: Simon Lake baute den Prototypen *Argonaut* auf eigene Kosten, um seine Idee von der Fahrt auf dem Meeresgrund zu demonstrieren. Die US Navy zeigte sich allerdings nicht beeindruckt.

Kieler Hafen in einer Tiefe von 60 m tauchte, zerbrach die Hecksbeplankung. Das kleine Tauchboot sank in die Tiefe. Bauer behielt aber einen klaren Kopf und befahl den zwei Seeleuten, das Boot fluten zu lassen. Der Druck stieg so an, dass die Luken aufgingen. Fünf Stunden später trieben alle drei wieder an der Oberfläche. Sie waren die ersten, die aus einem gesunkenen U-Boot entkommen sind.

Wie alle guten Erfinder ließ sich Bauer durch diesen Rückschlag nicht entmutigen. Während des Krimkrieges wandte er sich an die Royal Navy. Der neue Premierminister, Lord Palmerston, genehmigte die Ausgabe von 7000 Pfund zum Bau eines Prototypen. An dieser Stelle verliert sich die Spur jedoch. Es sind keine technischen Details überliefert, obwohl Admiral Sir Astley Cooper-Key sich daran erinnert, es gesehen zu haben und offensichtlich ein Vertrag mit einer Liverpooler Werft geschlossen wurde. Cooper-Key beschrieb das Tauchboot als eine große Taucherglocke, die auf dem Grund von den Bedienern bewegt werden konnte. Es ähnelte kaum einem U-Boot und hatte nichts mit Bauers früheren Plänen gemeinsam. Die wahrscheinlichste Erklärung hierfür ist, dass die Taucherglocke existierte, die britische Regierung jedoch ihre Fähigkeiten übertrieben dargestellt hat, um die Russen zu erschrecken. Daraus folgt, dass das „Lord-Palmerston-U-Boot" wegen technischer oder vertraglicher Schwierigkeiten niemals über das Stadium des Reißbretts hinauskam oder jedenfalls nie vollendet wurde. Bauer bot den Russen 1855 eine Konstruktion namens *Seeteufel* an. Im folgenden Jahr sollen einige Musiker in Kronstadt in den *Seeteufel* eingestiegen sein, um zur Krönung von Zar Alexander II. die Nationalhymne zu spielen. In dem 17,8 m langen Schiffskörper muss der Lärm ohrenbetäubend gewesen sein. Wahrscheinlich wurde auch der Sauerstoff schneller verbraucht als üblich.

Nach der kurzen anglo-französischen Allianz gegen Russland kam es zum Frieden. Die Franzosen versuchten in jener Zeit, die britische Seeherrschaft zu überwinden. Diesmal machte ein Kapitän Bourgois Vorschläge für ein Tauchboot. Fünf Jahre später wurde seine *Plongeur* in Rochefort zu Wasser gelassen. Sie war mit einer Länge von 44,5 m verhältnismäßig groß. Eine Dampfmaschine erzeugte sowohl die Energie für den Antrieb als auch die Druckluft zum Abpumpen des Wassers. Die Waffe war ein Stangentorpedo, ein Behälter mit Schießpulver an einer langen hölzernen Stange, die vor der Explosion in die Flanke des feindlichen Schiffes getrieben werden sollte.

DER AMERIKANISCHE BÜRGERKRIEG

Obwohl die *Plongeur* die U-Boot-Entwicklung voran getrieben hatte, waren die entscheidenden Technologien noch nicht ausgereift. Die Druckluftspeicher konnten keinen ausreichenden Druck halten. Der Stangentorpedo, wenn er denn funktionierte, versenkte mit hoher Sicherheit den Angreifer ebenfalls. Diese Kamikazewaffe war der tödlichste Mangel an den einfachen U-Booten, die die Konföderierten im amerikanischen Bürgerkrieg entwickelten. Das erste hieß *David,* weil es die „Riesen" versenken sollte, und war eher ein teilweise tauchbarer Torpedo als ein richtiges U-Boot. Das dampfgetriebene Gefährt konnte vertrimmt werden, um das Risiko zu verringern, nachts entdeckt zu werden. Ansonsten konnte das als Ziel erfasste Schiff die *David* nur allzu leicht durch entsprechende Manöver oder Kanonenschüsse daran hindern, nahe genug heranzukommen und den Stangentorpedo einzusetzen.

Der Prototyp der *David* wurde vom Kielwasser eines Dampfschiffes überschwemmt, später aber geborgen und mit einer neuen Besatzung aus Freiwilligen besetzt. Im Oktober 1893 beschädigte er bei Charleston das eisengepanzerte Unionsschiff *New Ironsides.* Dabei sank er allerdings mitsamt seiner Besatzung. Vier Monate später entwickelte Horace L. Hunley eine verbesserte Konstruktion und baute sie in Mobile, Alabama. Trotz des Handkurbelantriebs entsprach Hunleys 19 m langes Gefährt eher einem richtigen U-Boot, wenn es auch unwahrscheinlich ist, dass es lange unter der Oberfläche bleiben konnte. Gefährlich war es dennoch. Es sank dreimal und tötete dadurch 23 Menschen einschließlich des Erfinders. Nach der vierten Bergung wurde das Gefährt zu Ehren seines Erfinders CSS *Hunley* genannt und unter das Kommando von Lt. George Dixon von der Alabama Light Infantry gestellt. Die Besatzung bestand nun aus acht Freiwilligen.

In der Nacht des 17. Februar 1864 traf die *Hunley* auf die Fregatte USS *Housatonic*. Als sie von den Wachen gesichtet wurde, war sie schon nahe genug am Ziel. Dixon zog die Reißleine des Stangentorpedos, um seine Ladung abzufeuern. Eine heftige Explosion erschütterte die *Housatonic,* die innerhalb weniger Minuten mit ihrem Heck voraus sank. Sie war das erste Schiff, das von einem U-Boot im Kampf versenkt worden war. Das Schicksal der *Hunley* blieb rätselhaft. Zunächst glaubte man, sie sei entkommen. Jahre später wurde das zigarrenförmige Wrack neben dem der *Housatonic* gesichtet. Sie war durch die Druckwelle der Explosion versenkt worden, und die acht Skelette saßen immer noch an der Kurbelwelle. Vor kurzem wurde das Wrack geborgen, um die Details zu untersuchen und es als Museumsstück zu restaurieren.

Die Marine der Union benötigte keine U-Boote, da sie die Küstengewässer und Flüsse der Konföderierten kontrollierte. Öffentliche Reaktionen auf die Heldentaten der *David* und der *Hunley* zwangen die Bundesregierung aber zu einer Art Gegenschlag. Unter dem Namen *Alligator* wurde eine französische Konstruktion von Brutus de Villeroi gebaut. Sie sank jedoch 1863 auf dem Weg nach Cape Hatteras. 1864 wurde nach einem Entwurf von Oliver Halstead die *Intelligent Whale* gebaut. Sie ähnelte mit der Handkurbel zwar der *Hunley,* aber der walförmige Schiffskörper war viel effektiver. Für den Krieg kam sie zu spät, aber sie liegt heute noch in der Marinewerft von Washington.

TORPEDOS

Die schwankenden Leistungen im Bürgerkrieg taten dem Enthusiasmus keinen Abbruch. 1878 ließ Reverend George Garret ein Patent eintragen für „Verbesserungen an und in Bezug auf Tauchboote und Unterwasserboote für das Entfernen, Zerstören oder Legen von Torpedos in Kanälen und anderen Orten und zu anderen Zwecken“ und gründete die „Garret Submarine Navigation and Pneumataphore Company Ltd.“ in London.

Hier spiegelt sich die Erfahrung aus dem Bürgerkrieg wider, als die Ankertauminen der Könföderierten einige Erfolge gegen Kriegsschiffe der Union verzeichnen konnten. Offensichtlich war der „selbstfahrende“ *Whitehead*-Torpedo zu teuer oder nicht zuverlässig genug. Damals umfasste der Begriff „Torpedo“, benannt nach dem elektrischen Zitterrochen, der seine Beute betäubt, alle Unterwasserwaffen, unabhängig davon, ob sie festgemacht, vertäut oder selbst angetrieben wurden. Erst später wurde zwischen dem „metallenen Fisch“ und der Mine unterschieden.

GARRETTS *RESURGAM*

Garretts 4,4 m lange *Resurgam* („Ich werde mich erheben“) tauchte durch die Bewegung eines Kolbens, der Seewasser in den Schiffskörper ließ. Angetrieben

UNTEN: Reverend George Garrett mit seinem kleinen Sohn auf dem Turm seines zweiten Prototypen, der *Resurgam II*, in der Birkenhead-Werft von Charles Cochrane & Co.

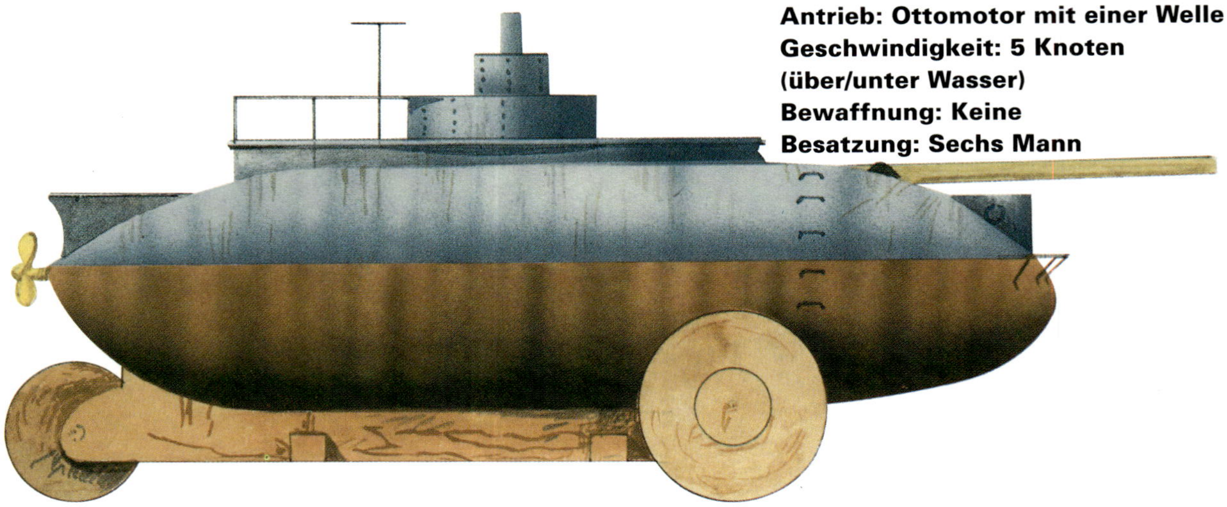

ARGONAUT FIRST

Länge: 17 m
Durchmesser: 4,2 m
Antrieb: Ottomotor mit einer Welle
Geschwindigkeit: 5 Knoten (über/unter Wasser)
Bewaffnung: Keine
Besatzung: Sechs Mann

OBEN: Das erste funktionsfähige U-Boot von Simon Lake hatte weder Elektromotor noch Batterien. Die giftigen Abgase wurden über einen hohen Luftmast abgeleitet.

UNTEN: Die *Argonaut First* unmittelbar nach der Fertigstellung auf See, wahrscheinlich im Jahr 1898. Lake hatte eine Reihe von Exportaufträgen, musste sich bei der US Navy aber John Holland geschlagen geben.

wurde sie noch durch eine Handkurbel. Trotzdem erwies sich das Boot als so erfolgreich, dass auch eine *Resurgam II* gebaut wurde. Das gut 30 t schwere und 21,5 m lange Boot wurde von einer „feuerlosen" Lamm-Maschine, wie sie auch die Londoner U-Bahn benutzte, angetrieben. Der Dampf wurde an der Oberfläche in einem großen Kessel erzeugt und in einem Tank gespeichert. Beim Tauchen wurde er abgelassen. Es konnte so viel Dampf gespeichert werden, dass das Boot mehrere Stunden mit einer Geschwindigkeit von ungefähr 3 Knoten fahren konnte. Die ersten Versuche begannen im Dezember 1879. Das Boot sank jedoch am 26. Februar 1880 vor der walisischen Küste.

Garrett hatte vor, sein U-Boot dem reichen schwedischen Erfinder Thorsten Nordenfelt vorzuführen, und der Untergang der *Resurgam II* konnte ihn nicht aufhalten. Nordenfelt brachte die Mittel auf, um einen noch größeren Prototypen in Stockholm zu konstruieren, die *Nordenfelt Nr. 1*. Der 30,2 m lange Schiffskörper konnte etwa 23 m tief tauchen und hatte eine Dampfmaschine ähnlich der der *Resurgam II*. Die Bewaffnung bestand aus einem externen *Whitehead*-Torpedorohr. 1882 wurde sie auf Kiel gelegt, drei Jahre später in Landskrona erprobt und dann an Griechenland verkauft. Natürlich war die Türkei sofort alarmiert und bestellte 1886 zwei Boote. Die *Abdul Mejid* und *Abdul Hamid* wurden in Chertsey an der Themse gebaut und in Einzelteilen nach Konstantinopel gebracht. Dort wurden sie unter Garretts Aufsicht wieder zusammengebaut. Die Franq-Maschinen arbeiteten nach den gleichen Prinzipien wie die Lamm-Maschine in der *Resurgam II*. Neben dem Torpe-

dorohr am vorderen Schacht gab es ein Nordenfelt-Maschinengewehr hinter dem Schornstein. Wie bei vielen frühen U-Booten fehlte es beiden an Längsstabilität. Die türkische Marine hatte Schwierigkeiten, Freiwillige zu finden. So wurden die beiden Schiffe am Goldenen Horn aufgelegt. Als deutsche Techniker sie 1914 fanden, waren sie bis zur Unkenntlichkeit verrostet.

Der vierte Garrett-Nordenfelt-Entwurf war erfolgreicher. Das 59 m lange Boot verdrängte 249 t unter Wasser. Sie wurde als Versuch von der Barrow Shipbuilding Company (später Vickers) in Barrow-in-Furness gebaut und lief 1887 rechtzeitig zur Truppenbesichtigung anlässlich des goldenen Jubiläums von Königin Viktoria in Spithead vom Stapel. Der russische Zar war so beeindruckt, dass er seine Minister anwies, das U-Boot zu kaufen. Im November 1888 fuhr es in Begleitung der Jacht *Lodestar* in Richtung Kronstadt. An der jütländischen Küste lief sie jedoch auf Grund. Obwohl sie wieder flott gemacht werden konnte, weigerte sich die russische Regierung, das Boot abzunehmen. Danach trennten sich Garrett und Nordenfelt. Garrett geriet in Vergessenheit während Nordenfelt als Ingenieur erfolgreich blieb, allerdings nicht auf dem Gebiet des U-Boot-Baus. Gerüchte über zwei weitere Nordenfelt-U-Boote, die 1891 in Danzig und Kiel gebaut wurden, konnten durch neuere Forschungen nicht bestätigt werden.

EIN „SALZWASSERPROJEKT"

Zeitgleich mit Garretts frühen Versuchen hat eine Gruppe irisch-amerikanischer Erfinder in Amerika ein ähnliches Projekt begonnen. Die Fenian United Brotherhood heckte geheime Pläne für ein „Salzwasserprojekt" aus, ein U-Boot, das der britischen Seemacht den vernichtenden Schlag versetzen sollte. Der „Gefechtsfond" der Bruderschaft finanzierte zunächst ein 6,8 m langes Tauchboot eines unbekannten Erfinders namens John P. Holland. Sein Prototyp, von Historikern *Holland I* genannt, war ein bescheidener Erfolg, obwohl sich sein Vertrauen in den Verbrennungsmotor als verfrüht erwies und dieser durch eine Dampfmaschine ersetzt wurde. Durch diesen Erfolg ermutigt, investierte die Bruderschaft 20 000 Dollar, um die *Fenian Ram* zu bauen. Dieser Name wurde von der Presse vergeben. Chronologisch ist sie als *Holland II* bekannt. Das Boot wurde heimlich bei den Delamater Ironworks in New York bestellt. Nach einigem Streit wurde mit der Arbeit im Mai 1879 begonnen, aber das 14,6 m lange Boot wurde erst im Mai 1881 zu Wasser gelassen. Der doppelt wirkende Brayford-Zweizylindermotor bot große Vorteile hinsichtlich des Leistungsgewichts. Die Bewaffnung bestand aus einer pneumatischen Waffe vorn, die nach oben feuerte.

OBEN: Hollands sechste Konstruktion wurde zunächst privat finanziert und dann als USS *Holland* (später SS-1) in den Dienst gestellt.

Die Existenz des neues U-Boots war ein schlecht gehütetes Geheimnis. Es lockte viele ausländische Besucher an, obwohl Holland den Zutritt in das Innere des Bootes verwehrte. Die *Fenian Ram* erfüllte ihren Zweck gut. Sie erwies sich als robust und ziemlich sicher. Nach internen Meinungsverschiedenheiten beschlagnahmten einige führende Fenier das U-Boot, um einen Präventivschlag gegen die Briten durchzuführen. Dabei lief es auf Grund. Es wurde zwar geborgen, fuhr aber nie mehr zur See. 1916 wurde es ausgestellt, um Spenden für die irische Unabhängigkeit zu sammeln. Später wurde es als Erinnerungsstück aufbewahrt. Kürzlich wurde mit der Restaurierung begonnen.

John Hollands Eifer für die Sache der Fenier ließ nach dem Versagen der winzigen *Holland III* von 1883 nach. Künftig widmete er sich dem Verkauf seiner Entwürfe. Er baute mit Captain Edward Zalinsky die *Holland IV*, einen holzbeplankten Schiffskörper, der mit Zalinskys Dynamitkanone bestückt war. Bei ihrem Stapellauf 1885 wurde sie schwer beschädigt und geriet bald in Vergessenheit.

EUROPA – DIE KEIMZELLE DES ERFOLGS

Lassen wir Holland für einen Moment beiseite. Es muss ihn maßlos geärgert haben, dass europäische und amerikanische Rivalen den Ruhm für in seinen Augen minderwertige Entwürfe ernteten. Jeder wollte ein U-Boot bauen. Die Bandbreite umfasste kleine Gefährte von der Größe der *Turtle* bis hin zu 63,5 m langen Ungetümen. Eine der Entwicklungen lohnt eine nähere Betrachtung. 1886 konstruierte der spanische Marineoffizier Isaac Peral für seine Marine ein U-Boot mit zwei 30-PS-Elektromotoren, die ihre Energie aus einer Akkumulatorbatterie mit 420 Zellen bezogen. Obwohl das Boot gebaut und seinem Erfinder zu Ehren *Peral* genannt wurde, konnte die spanische Marine die Technologie nicht weiterentwickeln und nutzen. Die ersten Generatoren waren sehr schwer und die Akkumulatorbatterien ebenso.

Fast zwangsläufig wurde Frankreich zur Keimzelle für den Erfolg. Die Theoretiker der Jeune Ecole suchten nach einem Ausgleich für die Übermacht der Royal Navy. Französische Ingenieure konnten Isaac Perals Entwurf verbessern und einige größere technische Probleme lösen. Der berühmte Schiffsbauer Dupuy de Lôme setzte sich für die 17,8 m lange *Gymnote* (Aal) ein, einen Entwurf von Gustave Zédé. Der kleine 55-PS-Elektromotor brachte eine Geschwindigkeit von 6 Knoten. Der Strom hierfür kam von 564 Blei-Säure-Akkumulatorbatterien. Das kleine U-Boot war 1888 eine Sensation und wies trotz seiner zahlreichen Mängel den Weg in die Zukunft. Der Marineminister befahl Gaston Romazotti, Zédés Nachfolger bei der Toulon-Werft, ein größeres, besseres U-Boot zu bauen. Das Ergebnis war die *Gustave Zédé*, ehemals *Sirene*. Sie war 48,5 m lang, verdrängte 270 t und hatte ein 450-mm-Rohr für den Abschuss von zwei *Whitehead*-Torpedos.

HOLLAND VI

Länge: 25,4 m
Durchmesser: 3,1 m
Antrieb: Otto-/Elektromotor mit einer Welle
Geschwindigkeit: 8/5 Knoten (über/unter Wasser)
Bewaffnung: Ein 45-cm-Torpedorohr
Besatzung: Sieben Mann

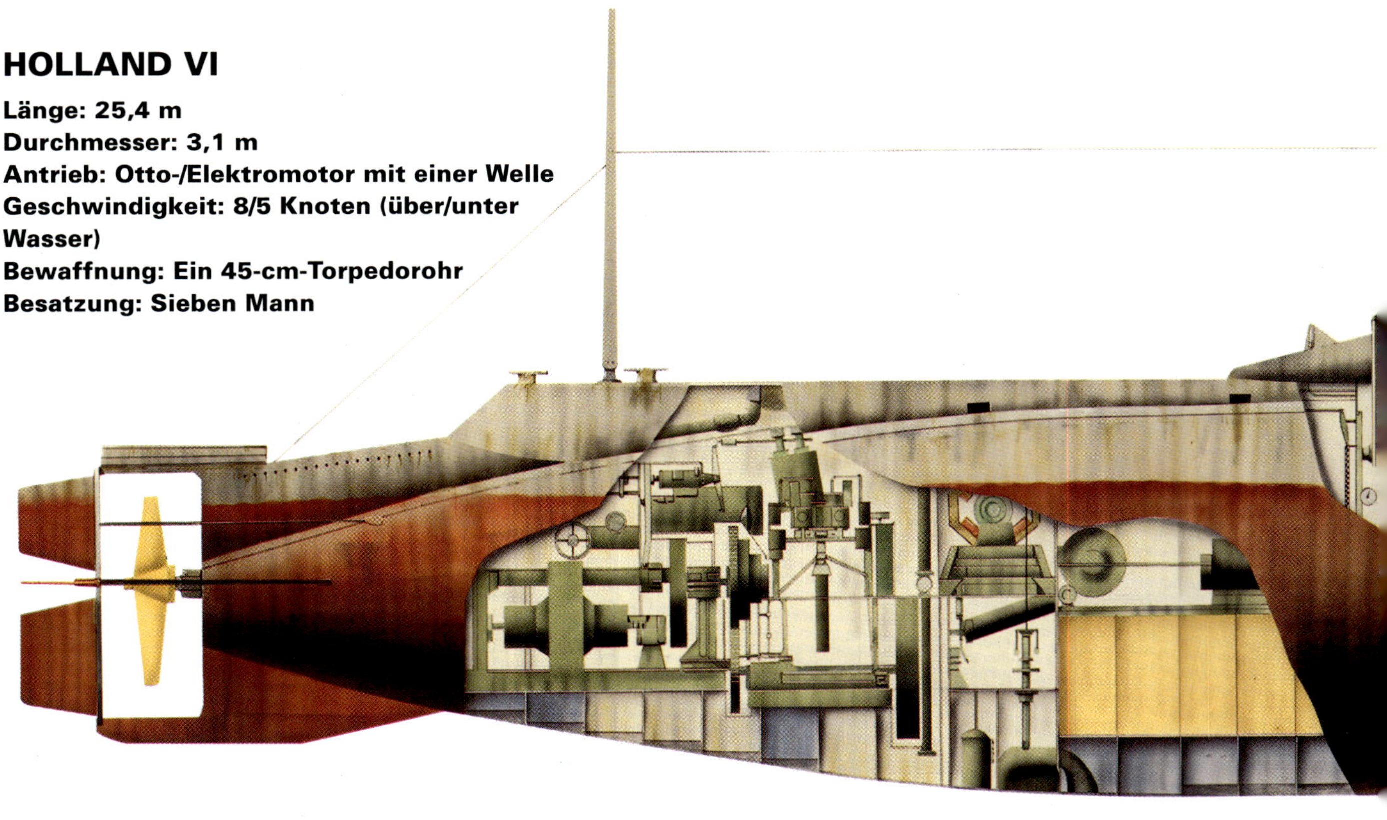

UNTEN: John Holland hatte die Diskussionen um die *Plunger* satt und bot an, ein U-Boot auf eigene Kosten zu bauen. Das Ergebnis war die *Holland.*

OBEN: Die „A"-Klasse der Royal Navy wurde 1901 in England auf der Grundlage von Holland-Booten gebaut.

Der Schiffskörper wurde zum Schutz vor Korrosion aus Bronze hergestellt. Wie die *Gymnote* hatte sie Akkumulatorbatterien. Die *Gustave Zédé* konnte damit unter Wasser von Toulon nach Marseille fahren.

Das französische Marineministerium war begeistert. Es ließ 1892 ein größeres Boot nach den Plänen von Romazotti bauen, die *Morse.* Der 36,5 m lange Schiffskörper bestand ebenfalls aus Bronze und vereinte die besten Eigenschaften der *Gymnote* und *Gustave Zédé* in sich. Leider wurde sie von einer neuen französischen Entwicklung überschattet. 1896 kündigte Edouard Lockroy, der neue Kriegsminister, einen Wettbewerb für den Bau eines 200-t-U-Bootes mit einer Reichweite von 100 Meilen über Wasser und 10 Meilen unter Wasser an. Von 29 eingereichten Entwürfen gewann Maxime Laubeuf mit seiner *Narval.* Sie hatte ein doppeltes Antriebssystem: Einen Dampfhubkolbenmotor für die Fahrt über Wasser und einen Elektromotor für den Tauchgang. Interessant war der Gebrauch von Treibstoff, der in Tanks zwischen der inneren und äußeren Hülle gelagert wurde. Die Akkumulatorbatterien wurden mit einem Generator aufgeladen, der durch die Dampfmaschine angetrieben wurde.

Die *Narval,* bestellt 1899 und ausgeliefert 1900, zog trotz einiger Nachteile weltweite Aufmerksamkeit auf sich. Es dauerte mindestens 15 Minuten, den Kessel vor

dem Tauchen abzuschalten. Der komplizierte Mechanismus für das Einziehen des Schornsteins und das Schließen der Luke war eine potenzielle Schwachstelle. Künftig wurden kleine batteriebetriebene U-Boote „Sousmarins" genannt, wohingegen die Typen mit Doppelantrieb als „Submersibles" (Tauchboote) bezeichnet wurden. Heute ist es genau umgekehrt: Dieselelektrische Boote werden oft als Tauchboote beschrieben, im Gegensatz zu den atomgetriebenen „echten U-Booten". Die *Narval* war im Prinzip ein tauchfähiges Torpedoboot, das seine 45-cm-Torpedos in externen Drzewieki-Ablaufgestellen mit sich führte.

Die französische Marine war so beeindruckt von der *Narval,* dass sie schon um 1900 vier Boote der etwas größeren *Sirene*-Klasse orderte, noch bevor die Probefahrten des Prototyps richtig ausgewertet waren. Kurz nach der Faschoda-Krise, die Frankreich an den Rand eines Krieges mit Großbritannien gebracht hatte, brauchte Frankreich dringend etwas als Ausgleich. Ab 1899 wurden die vier U-Boote der *Farfadet*-Klasse von M. Maugas gebaut, mit denen Frankreich bis 1905 insgesamt 12 U-Boote hatte.

EXPERIMENTE DER US NAVY

Die US Navy hat ihr Interesse an U-Booten nie ganz verloren. 1888 und 1889 schrieb sie einen Wettbewerb für experimentelle U-Boote aus, den Holland gewann. Die ausgewählte Werft weigerte sich jedoch zunächst, die Leistung zu garantieren. Ein Jahr später fehlte der Marine das Geld. 1893 gewann Holland auch den dritten Wettbewerb. Zwei Jahre später stand endlich

OBEN: Nach der Entscheidung der Royal Navy, U-Boote vom Typ *Holland* zu kaufen, ging alles sehr schnell. *Holland No. 1* lief am 2. Oktober 1901 bei Vickers vom Stapel.

Geld zur Verfügung. 1895 erhielt die John P. Holland Torpedo Boat Company vom Marine-Ministerium einen Vertrag über 150 000 Dollar, der an die Columbian Iron Works in Baltimore als Subunternehmen weitergegeben wurde.

1897 lief die *Plunger* vom Stapel, chronologisch *Holland V*. Leider hatte die Marine ziemlich unrealistische Vorgaben. Für eine Überwassergeschwindigkeit von 15 Knoten und eine Bewaffnung von zwei Torpedos in einem 40 m langen Schiffskörper musste Holland einen Dreifachschrauben-Dampfantrieb und einen Elektromotor einbauen. Bei Testfahrten im Becken erzeugte die Dampfmaschine bei nur zwei Dritteln der Maschinenkraft eine Temperatur von 58 °C. Diese Konstruktion war offensichtlich unbrauchbar. Holland zog sich zurück, indem er dem Marine-Ministerium 93 000 Dollar zurückzahlte. Dies war ein geschickter Schachzug, denn Hollands politische Freunde konnten die Marine überreden, das Geld in ein kleineres Privatvorhaben zu investieren, das bei der *Crescent*-Werft in Elizabethport, New Jersey, gebaut werden sollte. Das Ergebnis war die *Holland,* chronologisch *Holland VI*. Sie war 25,4 m lang und verdrängte 65 t. Angetrieben wurde sie durch einen Benzinmotor und einen Elektromotor. Die Testfahrten verliefen erfolgreich und die Marine erklärte sich bereit, sie für denselben Preis zu kaufen, den sie für die *Plunger* bezahlen wollte.

Obwohl die amerikanische Presse die *Holland* als „Monsterkriegsfisch“ feierte und ihr weitere ähnlich blutrünstige Namen gab, handelte es sich eher um ein simples Gefährt. Unter Wasser hatte sie eine Reichweite von ungefähr 75 km bei einer durchschnittlichen Geschwindigkeit von 5 Knoten. Die maximale Tauchtiefe betrug 25 m. Sie hatte kein Periskop und war unter Wasser praktisch blind. An der Oberfläche hatte sie mit dem 45-PS-Ottomotor eine theoretische Fahrstrecke von knapp 2800 km. Da sie jedoch keinerlei Unterkünfte für die Besatzung hatte, konnte sie nur wenige Stunden auf See sein. Die Marine bestellte dennoch um 1900 sechs etwas größere U-Boote der „Adder“- oder „A“-Klasse.

Hollands wichtigster Konkurrent war der Amerikaner Simon Lake. Seine *Argonaut Junior*, ein Prototyp mit einem hölzernen Schiffskörper, war ein Privatvorhaben. Die *Argonaut First*, 17 m lang und mit einer Verdrängung von 60 t lief Ende August 1897 vom Stapel. Sie war erfolgreich und wies einige sinnvolle Neuerungen auf. So hatte sie eine doppelte Außenhaut und ein effektiveres Mittel zum Halten der Trimmlage als die Boote von Holland. Lake hatte allerdings wenig übrig für den kriegerischen Einsatz von U-Booten. Er wollte über den Meeresgrund fahren, Bergungstauchern helfen und Objekte heben.

In sein nächstes U-Boot, die *Protector* von 1902, baute er zwar einen Torpedo ein, behielt jedoch die Räder für das Fahren auf Grund bei, damit Taucher in Kriegszeiten Unterwasserkabel durchschneiden konnten. Obwohl die russische Marine die *Protector* 1911 kaufte, ärgerte die US Navy Lakes Sturheit sehr. So gab man Holland den Vorzug, denn er baute, was die US Navy haben wollte. Eine Zusammenarbeit der beiden brillanten Konstrukteure wäre die ideale Lösung gewesen, da Lake viel beizutragen hatte.

DIE ANTWORT DER ROYAL NAVY

Die plötzliche Ausbreitung von U-Booten alarmierte auch die Royal Navy. Sie entschied sich dafür, die neue Technologie zu untersuchen, ohne jedoch das öffentliche Interesse zu wecken. Im Februar 1899 war der Marineminister nach den Anfragen der Parlamentarier zu den französischen Entwicklungen „zur Zeit nicht darauf vorbereitet, eine Aussage zu machen“. Ein Jahr später wurde eine Frage aus dem Unterhaus mit hochmütiger Verachtung beantwortet: „U-Boote sind Waffen für Seemächte in der Defensive“ und die Admiralität „wüsste ohnehin alles darüber“. Die Debatte wurde angeheizt durch eine Rede von Admiral Sir Arthur Wilson VC, der U-Boote als „hinterhältig, unfair und verdammt unenglisch“ anprangerte und empfahl, U-Boot-Besatzungen im Krieg als Piraten zu hängen.

Dieser heftige Kommentar wurde aus dem Kontext gerissen, um zu zeigen, dass die Admiralität sich dem Thema U-Boot verschlossen hatte. Tatsächlich gab es jedoch bereits eine interne Studie. Der Leiter des Schiffbaus wies darauf hin, dass seine Abteilung keine Experten auf diesem Gebiet hatte und empfahl den Kauf einer Holland-Konstruktion von der Electric Boat Company, dem Nachfolger der Holland Torpedo Boat Company. Im Dezember 1900 wurde ein Vertrag unterschrieben, der es Vickers Sons & Maxim erlaubte, fünf U-Boote in Barrow-in-Furness an der Nordwestküste Englands zu bauen. Die Baubeschreibung unterschied sich nur wenig von der „Adder“-Klasse der US Navy: Höchstgeschwindigkeit über Wasser 8 Knoten (7 Knoten bei schlechtem Wetter), 460 km Reichweite bei

UNTEN: Obwohl die fünf Hollands zufriedenstellende Leistungen boten, wollte die Admiralität sich von der Electric Boat Co. unabhängig machen.

A1

Länge: 47,2 m
Durchmesser: 5,4 m
Antrieb: Otto-/Elektromotor mit einer Welle
Geschwindigkeit: 9,5/6 Knoten (über/unter Wasser)
Bewaffnung: Ein 45-cm-Torpedorohr
Besatzung: Zwölf Mann

voller Geschwindigkeit, Unterwassergeschwindigkeit 7 Knoten mit einer Reichweite von 46 km (dreieinhalb Stunden). Die Reichweite unter Wasser betrug 28 km. Die maximale Tauchtiefe sollte 47 m betragen. Diese Vorgaben erwiesen sich jedoch als zu optimistisch, denn die Batterien hielten bei voller Ladung nur eine Stunde. Die tiefste erreichte Tauchtiefe betrug 37 m. Die Royal Navy nahm diese Probleme jedoch in Kauf. Die U-Boote wurden einfach als „Submarine 1–5“ bezeichnet. Bekannt waren sie allerdings als *Holland Nr. 1* usw.

Der Kauf der Holland-U-Boote war ein kluger Schachzug, da man jedem Risiko aus dem Weg ging. Sobald das HM *Submarine No.1* 1901 vom Stapel gelassen war, gab es auch eine britische U-Bootwaffe. Es gab auch genügend Freiwillige. Stützpunkt wurde Fort Blockhouse in Portsmouth (später umbenannt in HMS *Dolphin,* zur Erinnerung an ein älteres Kriegsschiff, das als Unterkunft angekoppelt wurde). Eine „A“-Klasse von dreizehn Schiffen wurde 1901 bestellt, wobei man auf Vickers zurückgriff, um von den US-Patenten unabhängig zu sein. Es folgten 1903 zehn U-Boote der „B“-Klasse, mit denen die Royal Navy auf eine Flotte von 28 U-Booten kam.

DIE RUSSISCHE MARINE

Die russische Marine hatte bereits seit dem 18. Jahrhundert mit U-Booten experimentiert. So waren die Experimente zu Beginn des Jahrhunderts für sie nichts Neues. Die *Pjotr Koshka* (dt. „Peter das Kätzchen“), ein 23,6 m kleines Boot, wurde 1902 in Kronstadt vom Stapel gelassen. Ihre Reichweite unter Wasser betrug bei voller Geschwindigkeit nur knapp 17 km/h, und die außen mitgeführten Torpedos waren nicht gerade zuverlässig. Die *Delfin,* 1903 vom Stapel gelassen, war schon etwas besser. Sie ging allerdings im folgenden Jahr bei einem Unfall bei der baltischen Schiffswerft in der Newa unter. Da sich der Krieg gegen Japan im Fernen Osten abzeichnete, blieb keine Zeit für eine geruhsame Entwicklung. So kaufte der Zar 1904 die *Fulton* von der Electric Boat Company und die *Protector* von der Lake Submarine Company. Die beiden U-Boote wurden in *Som* bzw. *Ossetr* umbenannt und mit der Transsibirischen Eisenbahn nach Wladiwostok gebracht, aber keines von beiden war von Nutzen. 1904 wurde bei Krupps Germania-Werft in Kiel das Versuchsboot *Forelle* gekauft und ebenfalls per Bahn in den Fernen Osten verfrachtet. Sie spielte allerdings auch keine Rolle im Krieg. Weitere Konstruktionen von Holland und Lake wurden gekauft, während Professor Bubow gleichzeitig eigene Entwürfe entwickelte. Außerdem wurden noch drei U-Boote von Krupp gekauft, sodass die Baltische Flotte bis 1908 nominell 17 U-Boote stark war.

DIE DEUTSCHEN ALS SPÄTZÜNDER

Wer angenommen hat, dass Deutschland bei der Entwicklung von U-Booten ganz vorn gelegen hat, wird überrascht sein, dass die Kaiserliche Marine erst den Vorsprung der anderen Nationen aufholen musste. Entscheidend war die Rolle der kleinen *Forelle.* Ursprünglich als privates Vorhaben nach dem Entwurf des Spaniers Raimondo Lorenzo d'Equevilley Montjustin auf Kiel gelegt, beeindruckte sie bei ihren Testfahrten im Jahr 1903 die deutsche Marine. Der Ingeni-

UNTEN: Die „Holland“-Klasse der Royal Navy ähnelte stark der „Adder“-Klasse der US Navy. *Holland No.1* sank 1913, wurde aber gehoben und ist jetzt im U-Boot-Museum in Gosport.

HOLLAND No. 1

Länge: 16,3 m
Durchmesser: 3,1 m
Antrieb: Ottomotor mit einer Welle
Geschwindigkeit: 8/7 Knoten (über/unter Wasser)
Bewaffnung: Ein 45-cm-Torpedorohr
Besatzung: Zwölf Mann

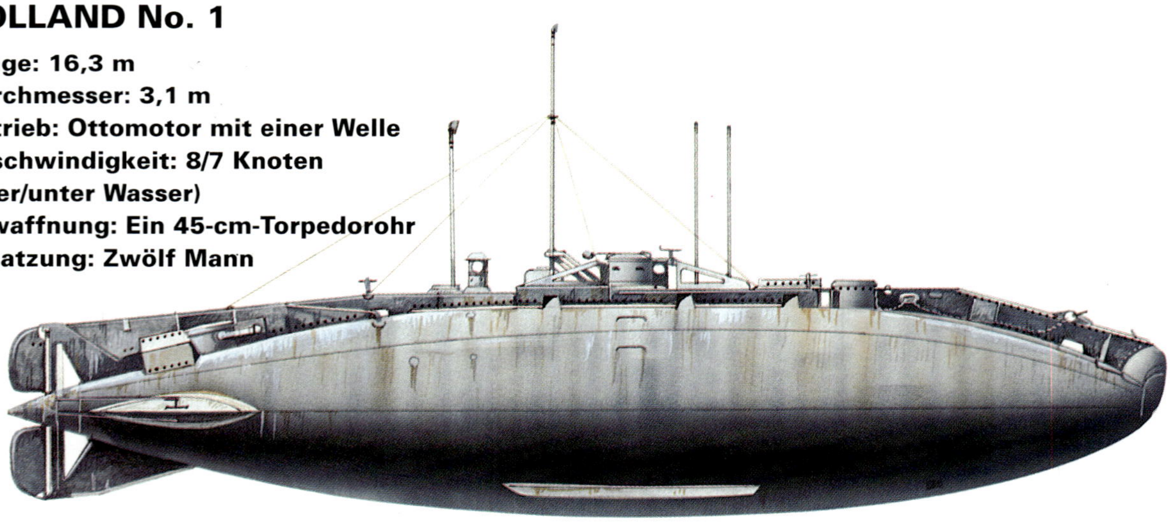

OBEN: Als Pionier im U-Boot-Bau musste Frankreich einige Unfälle hinnehmen. Als die *Farfadet* 1901 vor Toulon sank, wurde sie von der Royal Navy geborgen.

eur d'Equevilley hatte für Maxime Laubeuf gearbeitet und 1901 erfolglos versucht, seinen eigenen verbesserten Entwurf dem französischen Marineminister anzubieten. Als die Franzosen herausfanden, dass er für Krupp arbeitete, nahmen sie an, dass er den neuesten Entwurf eines französischen U-Boots, der *Aigrette,* gestohlen hatte, was die Konstrukteure bei Krupp jedoch stets abstritten.

Wie bereits erwähnt, wurde die *Forelle* 1904 an Russland verkauft. D'Equevilley bekam eine weitere Chance mit der „Karpfen"-Klasse. Diese beeindruckenden U-Boote hatten eine doppelte Außenhaut und fuhren über Wasser mit einem Kürting-Kerosinmotor. Offensichtlich hatten die Konstrukteure bei Krupp im Benzinmotor den größten Schwachpunkt der Holland-Entwürfe erkannt. Der Kürting-Motor stieß zwar dichte weiße Rauchwolken in die Luft, entwickelte aber kein giftiges explosives Gas, das in den gesamten Schiffskörper eindrang und beim kleinsten Funken eine Katastrophe auslöste. Das deutsche Marineministerium bestellte bald ein ähnliches Boot. Die *U 1* ist heute noch im Deutschen Museum in München zu bewundern. Im März 1906, sechs Monate bevor die Testläufe mit der *U 1* erfolgreich beendet waren, erhielt die Kaiserliche Werft in Danzig den Auftrag, die *U 2* nach einem offiziellen Entwurf zu bauen. Sie war um die Hälfte größer und hatte vier 45-cm-Torpedorohre, zwei vorn und zwei hinten, im Gegensatz zur *U 1*, die nur ein Bugrohr hatte.

Die U-Boot-Technologie hatte sich rapide weiter entwickelt, aber eine größere Hürde blieb noch. Nur die französische Marine schien bereit, die Entwicklung der Dampfmaschine für den Oberflächenantrieb weiterzuverfolgen, obwohl alle anderen U-Boot-Betreiber sich der Einschränkungen des Holland-Benzinmotors sehr wohl bewusst waren. Die Deutschen lösten das Problem mit dem Kürting-Motor. Die Briten bauten in die *A 13* einen experimentellen Schwerölmotor ein. Das war zwar kein richtiger Diesel, aber er funktionierte dennoch wie ein Selbstzünder.

Der fortschrittlichste Motor, der zur Verfügung stand, war der Diesel. Obwohl er in Deutschland von Dr. Rudolf Diesel erfunden wurde, zögerte die Kaiserliche Marine lange, den Dieselmotor bei ihren U-Booten einzusetzen. Es blieb den Franzosen überlassen, 1904 Dieselmotoren in die *Aigrette* und die *Cigogne* einzubauen. 1908 folgte die britische „D"-Klasse, 1909 die russische *Minoga,* die *Turbot* der US Navy („G"-Klasse) und erst 1912/13 die „U 19"-Klasse der deutschen Marine.

Der Diesel war der letzte große Fortschritt bei den U-Booten, bevor sie im Ersten Weltkrieg zum Einsatz kamen. Er löste die größten Probleme in Bezug auf Leistungsgewicht und Sicherheit. Trotz vieler großer Fortschritte wird der Dieselmotor auch heutzutage noch benutzt. Sogar in atomgetriebenen U-Booten dient er als Reserve für den Notfall.

KAPITEL 2

Feuertaufe

Bis zum Ausbruch des Ersten Weltkriegs im August 1914 wurden zwar viele U-Boote gebaut, aber die Marinen erkannten noch viele Mängel. Trotz dieser Schwächen machten sie den Überwasserschiffen den Rang streitig und hätten sogar fast den Krieg für Deutschland entschieden.

Beim Kriegsausbruch im August 1914 waren fast 300 U-Boote im Dienst und weitere 80 geplant oder bereits bestellt. Trotz ihres späten Einstiegs übertrafen die Briten und die Deutschen die Franzosen und Amerikaner mit 77 bzw. 29 Booten. Viele Länder kauften ausländische Entwürfe, um dann ihre eigenen verbesserten U-Boote zu bauen, die führenden Konstrukteure kamen aber aus Großbritannien, Frankreich, Deutschland, Italien und den USA.

Vom Einsatz der U-Boote hatten die einzelnen Marinen keine klaren Vorstellungen. Alle Nationen fühlten sich an die Bestimmungen des Völkerrechts und die Haager Konvention von 1899 gebunden, die das Verhalten im Seekrieg regelten. Ohne Erfahrung mit dem U-Boot-Krieg ging man davon aus, dass ein U-Boot wie jedes andere Schiff nicht auf ein neutrales Handelsschiff feuern durfte. Die Besatzung des U-Boots musste das Handelsschiff betreten, die Papiere prüfen und feststellen, ob das Schiff Handel mit dem Feind betrieb. Sollte aus den Frachtbriefen hervorgehen, dass das Schiff Schmuggelware transportierte, musste eine Prisenbesatzung auf dem Schiff bleiben und es zwecks Verurteilung zu einem friedlichen Hafen geleiten. Selbstverständlich konnte das U-Boot das Schiff versenken, aber dann hätten der Kapitän und die Besatzung jedoch auf das Prisengeld aus dem Verkauf der Waren verzichten müssen. Die Überlebenden mussten in Rettungsboote gesetzt werden. Bei schlechtem Wetter oder zu großer Entfernung vom Land wurde die Schiffsbesatzung wie schiffbrüchige Marinesoldaten behandelt und an Bord genommen.

LINKS: Seeleute der Royal Navy bereiten die Deckskanone eines U-Boots der „E"-Klasse zum Abfeuern vor. Im Ersten Weltkrieg setzte sich die Deckskanone als ideales Mittel für die Bekämpfung „weicher" Ziele durch.

Diese Prisenvorschriften begünstigten die großen Handelsflotten Großbritanniens und Frankreichs, berücksichtigten jedoch nicht die Situation eines U-Boots. Um ein Handelsschiff anzuhalten, musste das U-Boot auftauchen, wobei es seinen Vorteil des geheimen Vorgehens einbüßte. Die Besatzung war zu klein, um auch noch eine Prisenbesatzung zu stellen. Außerdem war kein Platz für Gefangene vorhanden, sodass ein U-Boot, das die Prisenvorschriften befolgte, entweder Gegenangriffen feindlicher Kriegsschiffe ausgesetzt war oder höchstens ein bis zwei Handelsschiffe abfangen konnte.

Die Kaiserliche Marine war der Ansicht, dass die Größe der britischen Handelsflotte ihre Stärke, aber auch zugleich ihre Schwachstelle war. Man wollte Handelsschiffe zunächst mit Kriegsschiffen bekämpfen, aber beim Einsatz von U-Booten war man sehr zurückhaltend. Am 20. Oktober 1914 schrieb Kapitänleutnant Feldkirchner mit seiner *U 17* Geschichte, als er das kleine Dampfschiff *Glitra* aus Norwegen stoppte, die Besatzung in Rettungsbooten aussetzte und es versenkte. Die meisten Marineoffiziere sahen allerdings in feindlichen Kriegsschiffen die wahren Ziele für U-Boote. Sobald der Krieg ausbrach, sandten die Briten und die Deutschen U-Boote aus, um feindliche Bewegungen zu beobachten und zu melden. Die Franzosen und Österreicher taten dasselbe im Mittelmeer.

In der Nordsee wurden beide Seiten enttäuscht. Die britischen U-Boote lieferten zwar die Informationen, um in der Helgoländer Bucht einen Schlag gegen die leichten deutschen Seestreitkräfte zu führen, mussten jedoch feststellen, dass die Torpedos dazu neigten, unter ihrem Ziel durchzuschwimmen. Bei den deutschen U-Booten überforderten die ständigen Marschfahrten die Maschinen bis zum Zusammenbruch. Die *U 15* war gerade dabei, einen Maschinenschaden zu reparieren, als sie von dem leichten Kreuzer HMS *Birmingham* entdeckt, gerammt und versenkt wurde. Überwasserkriegsschiffe tendierten dazu, erst zu schießen und dann zu fragen. Einige U-Boote wurden von der eigenen Marine angegriffen. Minen brachten bereits am 12. August ein U-Boot zur Strecke, allerdings waren Minenfelder vergleichsweise selten.

DIE SELBSTGEFÄLLIGKEIT RÄCHT SICH

Die Selbstgefälligkeit der Royal Navy wurde schnell zerstört. Am 22. Oktober torpedierte die *U 9* unter Kapitänleutnant Otto Weddigen vor der holländischen Küste drei 12 000-t-Panzerkreuzer, die HMS *Aboukir*, HMS *Cressy* und HMS *Hogue*. Der Verlust von drei wichtigen Kriegsschiffen und vielen Seeleuten war ein bitterer Schlag gegen den britischen Stolz. Weddigens

RECHTS: Enge Verhältnisse herrschten an Bord der *U 155*, vorher Fracht-U-Boot *Deutschland*, hier nach dem Waffenstillstand (vermutlich in den Händen französischer Seeleute)

UNTEN: Sieben große deutsche U-Boote wurden 1916–17 zu Transportern für hochwertige Fracht umgerüstet. Die verbliebenen Exemplare wurden nachträglich bewaffnet.

DEUTSCHLAND

Länge: 100,75 m
Durchmesser: 13,4 m
Antrieb: Dieselelektrische Motoren mit zwei Wellen
Geschwindigkeit: 12,4/5,2 Knoten (über/unter Wasser)
Bewaffnung: Keine beim Bau
Besatzung: 56 Mann

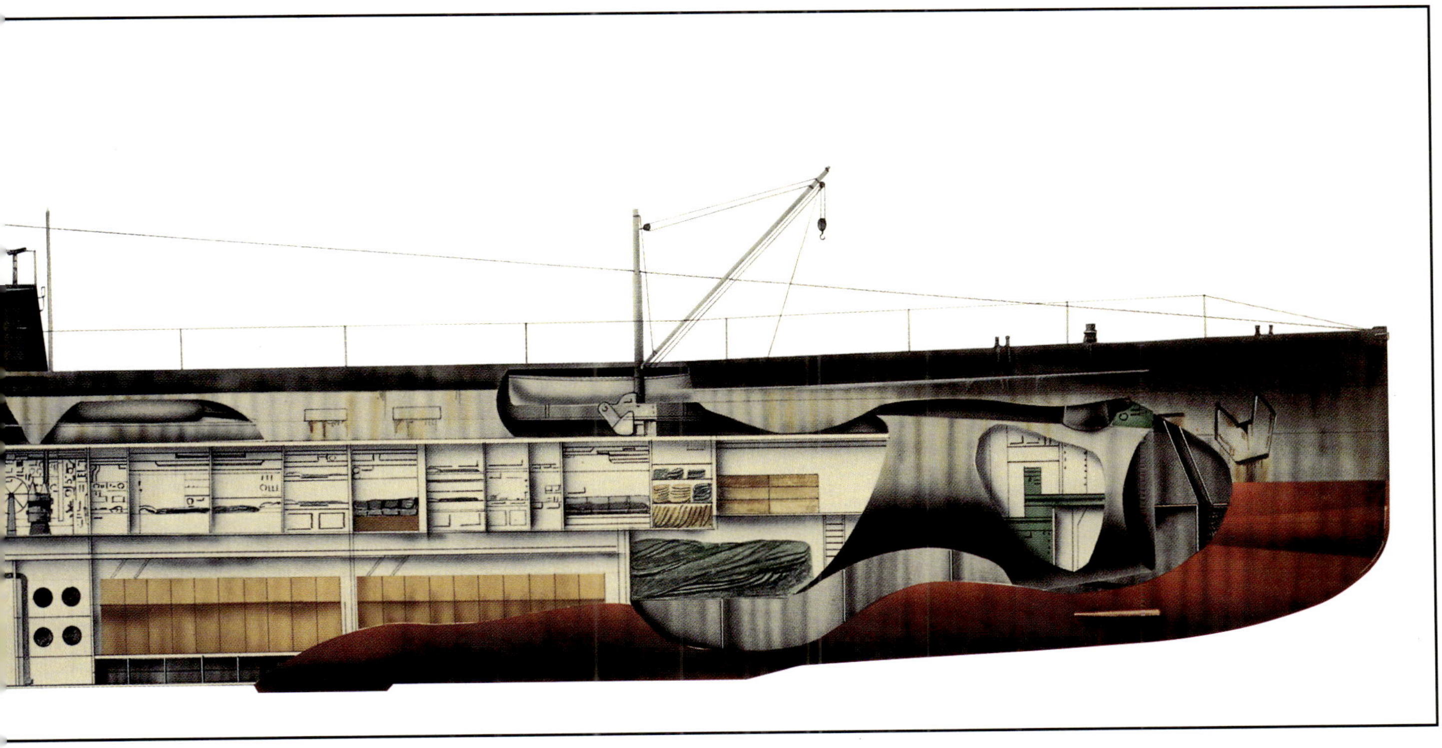

Ruf als erstes „U-Boot-Ass" wurde drei Wochen später bestätigt, als er bei Aberdeen den alten Kreuzer HMS *Hawke* torpedierte. Die *U 9* traf das Schiff, als es Post beförderte. Oft stellten sich die Kapitäne nicht auf die neue Bedrohung ein. Sie ignorierten die Gefahr und fuhren langsam in Gewässern vor sich hin, die bekannterweise von U-Booten patrouilliert wurden.

Die Hauptflotte der Royal Navy, die Grand Fleet, verlegte ihren Stützpunkt von Rosyth am Firth of Forth nach Scapa Flow, einem großen natürlichen Ankerplatz bei den Orkney-Inseln. Die U-Boot-Bedrohung lähmte die Grand Fleet völlig. Obwohl kein U-Boot in Scapa Flow eindrang, musste sie wegen der aufkommenden Panik zu vorübergehenden Ankerplätzen an der Westküste Schottlands aufbrechen, bis Netze, Blockadeschiffe, Kanonen und Suchscheinwerfer um Scapa Flow aufgebaut waren. Eine ganze Flotte dazu zu bringen, ihr ausgewähltes Operationsgebiet zu verlassen, war der erste strategische Sieg für die U-Boote. Die deutsche Hochseeflotte hatte jedoch zu wenig U-Boote und

OBEN: U-Boote neben einem Tender im Kieler Hafen 1913: *U 12, U 7, U 10* und *U 6K* (von links nach rechts). Die deutschen U-Boote wurden im Krieg ständig verbessert.

U 9

Länge: 80,94 m
Durchmesser: 9,3 m
Antrieb: Kerosin-/Elektromotoren mit zwei Wellen
Geschwindigkeit: 14/8 Knoten (über/unter Wasser)
Bewaffnung: Vier 45-cm-Torpedorohre (zwei im Bug, zwei im Heck)
Besatzung: 29 Mann

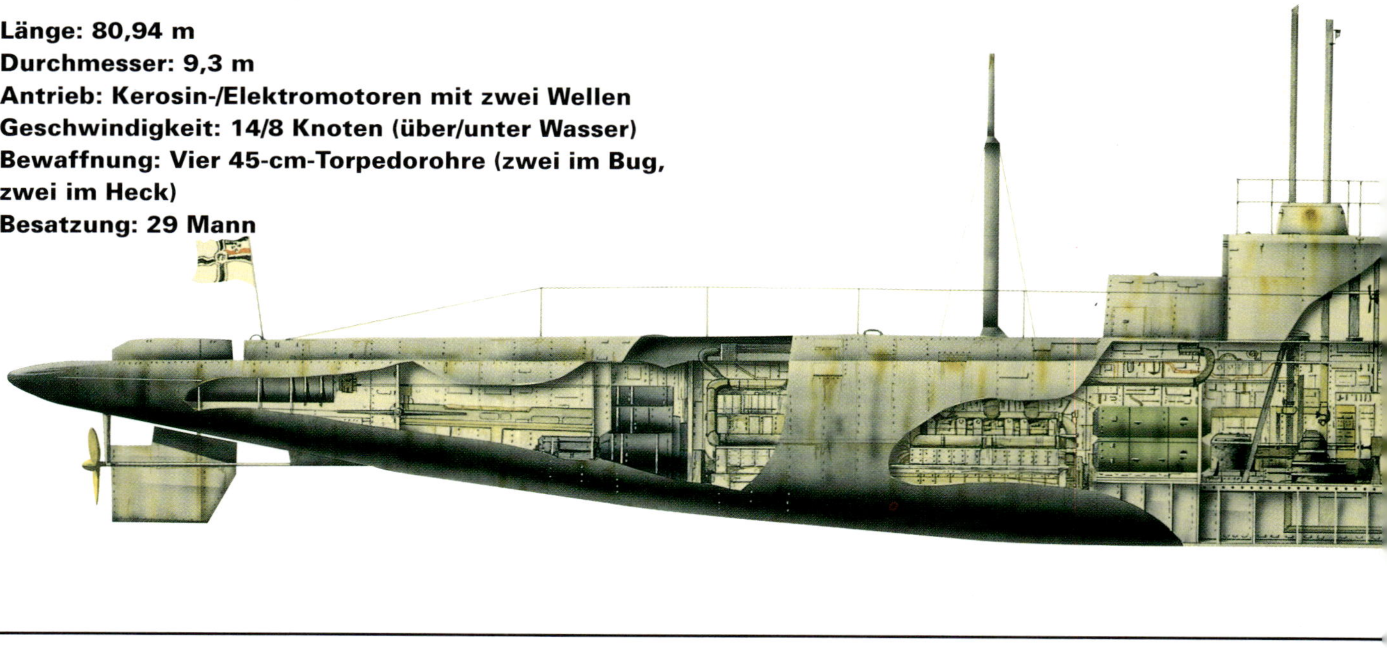

UB 4

Länge: 43,5 m
Durchmesser: 4,6 m
Antrieb: Kerosinmotor mit einer Welle
Geschwindigkeit: 6,5/5,5 Knoten (über/unter Wasser)
Bewaffnung: Zwei 45-cm-Torpedorohre
Besatzung: 14 Mann

OBEN: Eines der kleinen deutschen „UB"-Küsten-U-Boote, die nach Ausbruch des Krieges in Produktion gingen. Dieser Typ konnte mit Zügen transportiert werden.

keines war zuverlässig genug, um so weit vom Stützpunkt entfernt angreifen zu können. Die Chance wurde verpasst, und die Grand Fleet kehrte nach Scapa Flow zurück.

DEUTSCHE U-BOOTE

Die deutsche Flotte hatte beim Ausbruch des Krieges 29 U-Boote. Die *U 30* war noch nicht fertiggestellt, zwanzig weitere waren noch im Bau. Das Oberkommando bevorzugte die Überwasserflotte und glaubte, dass die Rolle der U-Boote nur darin bestand, die Grand Fleet zu zermürben, sozusagen als Auftakt für ein Flottengefecht. Die U-Boote waren dafür ideal, und so wurde das neueste Modell in Serie gefertigt. Gleichzeitig gingen der Typ „UB", ein kleines Küsten-U-Boot, und der Minenleger „UC" in die Produktion. Aufgrund der Knappheit an Dieselmotoren erhielt die „UB" die verhassten Kürting-Kerosinmotoren. Die Russen hatten 1908 mit der *Krab* das minenlegende U-Boot eingeführt, Deutschland bevorzugte allerdings vertikale

UNTEN: Unter Kapitän Otto Weddigen schrieb die *U 9* im September 1914 Geschichte, als sie die britischen Kreuzer *Aboukir, Cressy* und *Hogue* vor der niederländischen Küste versenkte.

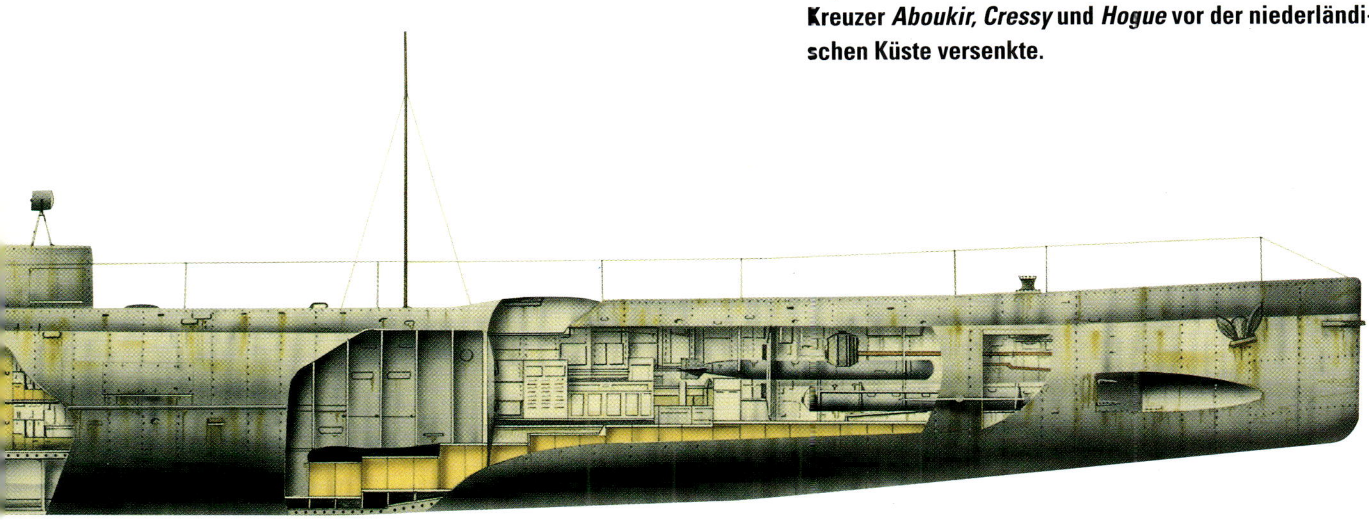

Oben: **Die *U 53* erschien im Oktober 1916 ohne Einladung im Hafen von Newport, Rhode Island. Sie provozierte zwar keinen internationalen Zwischenfall, die US-Regierung war jedoch nicht beeindruckt über diese Kühnheit, sondern nur verärgert.**

Unten: **Bis zur Einführung der Konvois im Jahr 1917 konnten die U-Boote viele Ziele mit ihren Deckskanonen bekämpfen. So konnten sie die Torpedos für größere Ziele aufheben und wesentlich länger im Einsatz bleiben.**

Rutschen vorn im Druckkörper. Die Mine und das Senkgewicht fielen von der Rutsche. Ein löslicher Stöpsel machte die Mine erst scharf, wenn das U-Boot außer Reichweite war, theoretisch jedenfalls. Im Juli 1915 fanden die Briten heraus, dass die *UC 2* sich mit ihrem eigenen Minenfeld in die Luft gesprengt hatte. Sie wurde gehoben, und eine britische Version des Systems wurde in einige Boote der „E"-Klasse eingebaut.

Die seetüchtigen U-Boote waren unter der Bezeich-

U 31

Länge: 65,4 m
Durchmesser: 6,4 m
Antrieb: Dieselelektrische Motoren mit zwei Wellen
Geschwindigkeit: 16,7/9,7 Knoten (über/unter Wasser)
Bewaffnung: Vier 50-cm-Torpedorohre, eine 88-mm-Kanone
Besatzung: 35 Mann

nung „Mittel-U"-Typ bekannt. Die Bewaffnung von vier 50-cm-Torpedos, zwei im Bug, zwei im Heck, blieb überraschend lange Standard. Die Deckskanone war beim Versenken von Handelsschiffen so erfolgreich, dass sie von 8,8 cm auf 10,5 cm vergrößert wurde. Daraus wurde trotz der Forderungen der Marineoffiziere nach mehr Torpedos das „Kreuzer-U-Boot" entwickelt. Am Ende des Krieges hatte die „Mittel-U"-Klasse vier 50-cm-Rohre vorn und zwei hinten. Die *U 117* erhielt externe Stauräume für 24 Torpedos. Das kleine „UB"-Modell hatte sich erfolgreich zu einem äußerst seetüchtigen U-Boot entwickelt. Die Klasse „UB III" schnitt im Vergleich mit den größeren Booten von vor 1914 gut ab. Die Klasse „UC" gipfelte 1918 in der Reihe „III". Diese U-Boote hatten eine Fahrstrecke von knapp 15 000 km und konnten 14 Minen mitführen.

DAS VÖLKERRECHT WIRD GEBROCHEN

Nach dem Versenken der SS *Glitra* änderte die deutsche Marine die Meinung über den Handelskrieg, denn alle Kreuzer, die dafür in Frage kamen, waren bis 1915 entweder versenkt oder erobert. Die Grand Fleet hatte nicht das Risiko einer Nahblockade deutscher Häfen auf sich genommen, und wenn sie ihren Hafen zu einer Patrouille verließ, wurde sie von Zerstörern abgeschirmt. Eine solche Patrouille kostete Weddigen das Leben, als das Periskop seiner neuen *U 29* von einem Ausguck des Schlachtschiffes HMS *Dreadnought* am 18. März 1915 im Pentland Firth gesichtet wurde. Nach einem raschen Kursbefehl brach das 18 000-t-Schiff aus der Linie und teilte das unglückliche U-Boot in zwei Hälften. Wegen der rücksichtslosen Härte der britischen Blockade verlor die deutsche Marine jegliche Skrupel, das Völkerrecht zu brechen. Alle Nahrungsmittel wurden von den Alliierten z. B. zur Schmuggelware erklärt, weil die deutsche Regierung alle Nahrungsmittelvorräte beschlagnahmt hatte.

Ein uneingeschränkter Krieg gegen die alliierten Schiffe barg das Risiko eines Propagandakriegs in sich. Das Versenken des belgischen Flüchtlingsschiffs *Admiral Ganteaume* im Oktober 1914 wurde von den alliierten Zeitungen als Greueltat bezeichnet. Wenn man bedenkt, wie wenig ein U-Boot-Kommandant durch sein Periskop sehen kann, ist es gut möglich, dass die *U 24* die *Admiral Ganteaume* mit einem Truppentransportschiff verwechselt hat. Der U-Boot-Kommandant hatte ein verzerrtes Bild und nur ein paar Sekunden Zeit für einen Schuss. Dabei musste er die Leute an Deck sowie die Kanonen zählen und sogar prüfen, wo diese saßen. Bugkanonen galten gemäß Prisenvorschrift als offensiv, während Heckkanonen als defensiv betrachtet wurden. Als die *U 20* im April 1915 das Passagierschiff *Lusitania* sichtete, hielt Kapitänleutnant Schwieger ihre vier rauchenden Schornsteine für eine Flottille von Zerstörern! Erst als er nach Deutschland zurückkehrte, erfuhr er den Namen des Schiffes. Trotz gegenteiliger Meinungen hätte die *U 20*, selbst wenn der deutsche Marinestab über eine konspirative Information zu der mitgeführten Munition besessen hätte, niemals ein einzelnes Schiff mit derartiger Präzision identifizieren können.

Sogar ohne sich über die selbst auferlegten Einschränkungen hinwegzusetzen, fügten die deutschen U-Boote den Alliierten schwere Verluste zu: 32 000 t britische sowie 15 900 t französische und neutrale Schiffe wurden allein im Januar 1915 versenkt. Bis zum März waren es schon 80 700 t bis Mai sogar 185 000 t. Insbesondere in den USA war die Öffentlichkeit entrüstet. Die Forderungen der Kriegswirtschaft hatten einen großen neuen Markt eröffnet, der die Verluste durch die Blockade ausglich. Die öffentliche Meinung war aufgebracht wegen der angeblichen Schändung Belgiens. Mit dem Tod amerikanischer Zivilisten auf See wurde noch Öl in das Feuer gegossen.

Trotzdem verhängte Deutschland am 4. Februar 1915 eine Blockade gegen Großbritannien. In der Kriegszone sollten britische und französische Schiffe ohne Vorwarnung versenkt werden. Man erklärte auch, dass sich Angriffe auf neutrale Schiffe nicht immer vermeiden ließen. Die U-Boote konnten jedes Schiff bei Sichtung versenken, es sei denn, sie sahen eine neutrale Flagge.

UNTEN: Ein deutsches U-Boot bekämpft während der Atlantikschlacht ein Ziel. Die Deckskanonen wirkten sich allerdings nachteilig auf die Leistungen unter Wasser aus.

Oben: Die *U 35* im April 1917 vor Kotor, dem österreichisch-ungarischen U-Boot-Stützpunkt in der Adria.

Hätten die neutralen Nationen den Handel mit den Alliierten verboten, hätte sich dieser Schachzug vielleicht ausgezahlt. Die dichte britische Blockade bedeutete jedoch, dass die Weigerung, mit den Alliierten Handel zu treiben, viele Reedereien zum Bankrott geführt hätte. So war auch schon Napoleons Kontinentalsperre zu Fall gebracht worden. 1915 schien sich jedoch niemand für die Lektionen der Geschichte zu interessieren.

DER UNEINGESCHRÄNKTE UNTERSEEBOTKRIEG

Mit der Eroberung eines großen Teils von Belgien erhielt der U-Boot-Krieg einen wichtigen Aufschwung. Nach der Schlacht an der Marne im August 1914 blieb die rechte Flanke an der flämischen Küste in Nieuwpoort. Die Marine richtete bald Stützpunkte in Seebrügge und Ostende für U-Boote und leichte Kriegsschiffe ein. U-Boote waren im Inlandshafen Brügge stationiert. Sie konnten das offene Meer durch Kanäle erreichen, wodurch sie mehr Zeit auf See in den westlichen Zugängen und dem Bristol- und St.-Georgs-Kanal verbringen konnten. Britische Minenfelder und Netzbarrieren in der Straße von Dover waren nicht wirkungsvoll, da die U-Boote nachts an der Oberfläche durchfuhren. Um den Glauben der Briten an ihre U-Boot-Abwehrmaßnahmen zu erhalten, wurden die in Deutschland stationierten U-Boote dazu aufgefordert, sich von Zeit zu Zeit den Patrouillen der Royal Navy zu zeigen.

Unten: Die vier U-Boote der „Andrea-Provana"-Klasse wurden 1915–18 von FIAT-San Giorgio in La Spezia gebaut. Für den Krieg kamen sie allerdings zu spät.

GIACOMO NANI

Länge: 67 m
Durchmesser: 5,9 m
Antrieb: Dieselelektrische Motoren mit zwei Wellen
Geschwindigkeit: 16/9,8 Knoten (über/unter Wasser)
Bewaffnung: Sechs 45-cm-Torpedorohre, zwei 76-mm-Kanonen
Besatzung: 40 Mann

Als Antwort auf den uneingeschränkten U-Boot-Krieg setzten die Alliierten mehr Patrouillenschiffe sowie jedes verfügbare Kriegsschiff und gemietete Handelsschiffe ein. Die Geleitboote der „Flower"-Klasse wurden von der Minensuche abgezogen und für die Unterwasser-Jagd eingesetzt. Die Hilfspatrouille bestand aus Dampfschiffen, Trawlern und Driftern. Bewaffnet mit leichten Kanonen gingen sie rund um die britischen Inseln auf die fruchtlose Suche nach U-Booten. Tatsächlich ist die See so groß, dass ein U-Boot in der Nähe der stark befahrenen Schiffsroute nur darauf zu warten brauchte, dass ein unbegleitetes Schiff vorbeifuhr. Wenn ein Patrouillenboot auftauchte, konnte es untertauchen, ohne gesehen zu werden.

DIE *LUSITANIA*

Nichts verdeutlicht die Schutzlosigkeit der Schiffe vor U-Booten besser als die Tragödie der *Lusitania.* Die meisten britischen Transatlantik-Linienschiffe wurden 1914 beschlagnahmt und in bewaffnete Handelsschiffe oder Truppentransportschiffe umgewandelt. Die *Lusitania* durfte jedoch beschränkt Passagiere von Liverpool nach New York befördern. Die Gründe hierfür waren sehr subtil und vielschichtig. Erstens war das große Linienschiff eine sichtbare Beruhigung für die amerikanische Öffentlichkeit, dass alles „wie gewöhnlich" weiterlief und dass Englands Seeherrschaft keiner ernsthaften Bedrohung ausgesetzt war. Zweitens hatten die Deutschen als Reaktion auf die britische Blockade behauptet, dass ihre U-Boote eine Gegenblockade um die britischen Inseln errichtet hätten. Wäre diese Blockade vor einem internationalen Gerichtshof bestätigt worden, hätten die Deutschen jedes Schiff versenken können, das versucht hätte, die britischen Inseln zu erreichen. Dafür mussten sie jedoch erst die Wirksamkeit der Blockade beweisen. Durch die Beibehaltung des Linienverkehrs von und nach New York ließ sich die britische Regierung ohne viel Aufwand alle Möglichkeiten offen. Sie hoffte selbstverständlich auch, dass die Deutschen aus Angst vor den Amerikanern nicht wagen würden, ein großes Passagierschiff zu versenken.

Es wird stets darauf verwiesen, dass die *Lusitania* Sprengstoff an Bord hatte. Laut Manifest führte sie 37 t an Munition für Handfeuerwaffen und Zünderspitzen mit. Für ihre Umwandlung in einen bewaffneten Handelskreuzer gibt es keine Beweise. Sie wurde zwar 1914 zu diesem Zweck beschlagnahmt, erwies sich jedoch als Kohlenfresser und wurde somit einen Monat später an ihre Eigentümer zurückgegeben. Kein anderer Ersatzkreuzer hatte gleichzeitig Passagiere und Bewaffnung,

UNTEN: Ein Küsten-U-Boot vom Typ „UB I" ist aufgetaucht. Die Besatzung befindet sich auf dem Turm und dem Gehäuse. Der Rahmen am Bug dient zum Zerschneiden von Netzen.

GIACINTO PULLINO

Länge: 42,2 m
Durchmesser: 4,17 m
Antrieb: Dieselelektrische Motoren mit zwei Wellen
Geschwindigkeit: 14/9 Knoten (über/unter Wasser)
Bewaffnung: Sechs 45-cm-Torpedorohre
Besatzung: 19 Mann

OBEN: Die im Dezember 1913 fertiggestellte *Giacinto Pullino* strandete im Juli 1916 auf der Insel Galiola und wurde von den Österreichern erbeutet. Beim Abschleppen sank sie.

ganz einfach weil die Passagierunterkünfte für die Umwandlung in einen Marinekreuzer benötigt wurden und bei einem Linienschiff unter Marineführung die Buchungen sehr schnell auf Null zurückgegangen wären. Passagiere und Sprengstoff passten nicht zusammen; die Unterkünfte stellten eine potenzielle Feuerfalle dar und ein Linienschiff hatte zu wenig Frachtraum für eine Umwandlung. Die 37 t an Gewehrmunition und Zündern gehörten zur trägsten Munition überhaupt. Wer immer wusste, was die *Lusitania* in New York an Bord nahm, hatte keine Möglichkeit, diese Information einem U-Boot auf der anderen Seite des Atlantiks mitzuteilen. Als die *Lusitania* am 7. Mai 1915 bei Kinsale von der *U 20* torpediert wurde, behaupteten beide Seiten, dass es sich um eine geplante Maßnahme gehandelt hätte. Die Deutschen meinten, dass sie das Schiff versenken durften, weil sie von der Munition wussten. Die Briten hielten es für einen barbarischen Akt, „unschuldige Schiffe zu versenken". Das Logbuch von Kapitänleutnant Schwieger beweist aber ohne jeden Zweifel, dass die Begegnung mit der *Lusitania* nicht geplant gewesen war. Schwieger patrouillierte vor Kinsale, als er die vier rauchenden Schornsteine sah. Zunächst hielt er sie für eine Flottille von Zerstörern in Reihe. Erst als das Ziel drehte, sah er, dass es ein Linienschiff war. Da in seinen Anweisungen stand, dass einige Truppentransportschiffe aus Kanada erwartet wurden, zog er den Schluss, es mit einem rechtmäßigen Ziel zu tun zu haben. Das rasche Sinken das Schiffes nach dem, was Schwieger als eine zweite Explosion bezeichnete, erklären moderne Chemiker als spontane Entzündung von Luft und Kohlenstaub – ein Phänomen, das 1915 kaum bekannt war.

Unter den Toten waren 159 Amerikaner, Washington verlangte deshalb von Berlin, dass U-Boote Angriffe auf Passagierschiffe zu unterlassen hätten. Diplomatisch ungeschickt wiesen die Deutschen darauf hin, potenzielle Passagiere vor der Gefahr gewarnt zu haben. Das heizte die Verdächtigungen an, die *Lusitania* sei absichtlich torpediert worden. Die Briten taten nichts, um diese Gerüchte zu entkräften. Hätte jemand allerdings diese Konspirationstheorie bis zum Ende durchgedacht, wäre er zu dem Schluss gekommen, dass deutsche Agenten die *Cunard Steamship Company* hätten kontrollieren oder sogar das Schiff hätten führen müssen, um ein derart perfektes Abfangen zu ermöglichen.

DIE ANTWORT DER ALLIIERTEN

Dieser Vorfall war ein Meilenstein in der Geschichte des U-Boots. Die *Lusitania* war nicht das einzige versenkte Schiff, das Amerikaner an Bord hatte, aber sie blieb in der Erinnerung. Zunächst mussten die Deutschen ihren uneingeschränkten Feldzug aufgeben. 1916 stiegen die Verluste jedoch wieder bis auf 500 000 t im Monat an und wurden immer katastrophaler:

1914	
3 Schiffe mit insgesamt	2950 t
1915	
640 Schiffe mit insgesamt	1 189 031 t
1916	
1301 Schiffe mit insgesamt	2 194 420 t
Insgesamt 1944 Schiffe mit	3 386 401 t

Leider handelte es sich oft um kleine Segelschiffe, wie z. B. mit Früchten beladene Schoner, die immer noch in großer Anzahl auf dem Atlantik verkehrten. Sie waren besonders verwundbar durch Kanonenfeuer. Die Zahlen schließen keine Kriegsschiffe ein.

U 4

Länge: 43,2 m
Durchmesser: 3,75 m
Antrieb: Kerosin-/Elektromotoren mit zwei Wellen
Geschwindigkeit: 11,5/8,7 Knoten (über/unter Wasser)
Bewaffnung: Zwei 45-cm-Torpedorohre
Besatzung: 21 Mann

OBEN: Die zwei U-Boote III und IV (1915 in *U 3* und *U 4* umbenannt) wurden 1907–09 in Deutschland gebaut. Die *U 3* wurde 1915 versenkt, die *U 4* jedoch überstand den Krieg.

Die Alliierten reagierten mit noch mehr Hilfspatrouillenbooten, bewaffneten Handelsschiffen und den berühmten „Q-Schiffen". Es handelte sich dabei um Köder, die bewaffnet und mit Marinepersonal besetzt in den Jagdgründen der U-Boote kreuzten. Da die Angriffe meistens an der Oberfläche stattfanden, um Torpedos zu sparen, konnten die Q-Schiffe U-Boote rammen, bevor sie selbst versenkt wurden. Als Antwort darauf griffen die U-Boot-Kommandanten bereits bei Sichtkontakt an. Einige einfallsreiche Offiziere versuchten Zeugen zu beseitigen, indem sie Überlebende mit MGs erschossen; eine Politik, die als „spurlos versenkt" bekannt wurde.

Aber nicht nur die deutschen U-Boote waren erfolgreich. In der Nordsee waren britische U-Boote der neuen „E"-Klasse aktiv. Am 13. September 1914 versenkte die *E 9* den leichten Kreuzer SMS *Hela* bei Helgoland und am 6. Oktober den Zerstörer *S 115*. Im Januar 1915 wurde die *U 17* irrtümlicherweise von der *U 22* torpediert, eine Tragödie, die sich in beiden Weltkriegen wiederholte, wenn Navigationsfehler eigene U-Boote an den falschen Ort führten. Im Juli 1915 wurde der Zerstörer *V 188* von der *E 15* torpediert. Zwei Monate später versenkte die *E 16* die *U 6*. Zusätzlich wurden einige U-Boote der alten „C"-Klasse benutzt, um die Angriffe der Deutschen auf die Fischereiflotten zu stoppen. Requirierte Marinetrawler schleppten jeweils ein abgetauchtes „C"-Boot. Sie verfügten über Telefon, um Informationen über die Schussweite und die Peilung des U-Boots weiterzugeben. Der Trawler *Taranaki* und die *C 24* versenkten im Juni 1915 bei Aberdeen die *U 40*. Einen Monat später versenkten die *Princess Louise* und die *C 27* bei Fair Isle die *U 23*. Durch Unachtsamkeit konnten die Überlebenden der beiden U-Boote mit Zivilisten zusammenkommen, die auf ihre Rückführung nach Deutschland warteten. Dadurch erfuhren die U-Boot-Kommandanten bald von der „Trawlerfalle". Dennoch hatte sie den gewünschten Effekt: Die Angriffe auf die Fischereiflotte wurden reduziert. Zum größten Teil betrieben die britischen U-Boote jedoch nur Aufklärung in der Hoffnung, deutsche Überwasserschiffe bei ihren seltenen Einsätzen zu sichten.

BRITEN IN RUSSLAND

Bald mussten auch die Russen in der Ostsee durch britische U-Boote unterstützt werden. Im Oktober 1914 brachen die *E 1* und die *E 9* in Richtung Kattegat auf. Sie erreichten Libau (Liepaja) gerade, als die russische Armee den Hafen wegen der heranrückenden deutschen Truppen evakuierte. So wurde schnell ein neuer Stützpunkt in Lapvik im Golf von Finnland errichtet, um nach der langen Reise Reparaturarbeiten durchzuführen. Die beiden U-Boote hatten bereits Zeichen gesetzt. Die *E 1* unter Lieutenant Commander Laurence hatte den Kreuzer SMS *Viktoria Luise* erfolglos im Kattegat angegriffen. Die *E 9* unter Lieutenant Commander Horton hatte bei Kiel den Zerstörer *S 120* versenkt. Diese Angriffe hatten im Winter bei Eis stattgefunden, als die U-Boote eigentlich im Hafen hätten bleiben müssen. Der angriffslustige Horton hatte jedoch festgestellt, dass er so lange operieren konnte, wie die Saugventile nicht einfroren und einen russischen Eisbrecher aufgefordert, die Passage von Lapvik in das offene Meer freizumachen.

Die zahlenmäßig große Flotte der Russen war größtenteils nutzlos, weil die Diesel- und Elektromotoren in Deutschland bestellt worden waren. Die von Lake entworfene Drakon führte mehr Patrouillen durch als irgendein anderes russisches Schiff, und die anderen hätten sicher noch mehr erreichen können, wäre da nicht die Zurückhaltung der obersten Führung gewesen. Die britischen Schiffe sollten keine Kriegsschiffe versenken, sondern hauptsächlich die Eisenerztransporte von Schweden nach Deutschland angreifen. Das hinderte allerdings die *E 8* nicht daran, im November 1914 den Panzerkreuzer SMS *Prinz Adalbert* bei Libau zu torpedieren. Das deutsche Oberkommando war schließlich überzeugt, dass eine ganze Flottille in der Ostsee operierte, die von der kaiserlichen Marine den Spitznamen „Horton's Sea" erhielt. Die Admiralität entschied sich, die britische U-Boot-Flotte zu verstärken. Vier weitere Boote der „E"-Klasse wurden im August 1915 losgeschickt. Die *E 13* lief jedoch vor der dänischen Küste auf Grund und wurde vom Kanonenfeuer deutscher Zerstörer zerstört. Die *E 8*, *E 18* und *E 19* kamen allerdings wohlbehalten in Lapvik an. Zusätzlich wurden vier U-Boote der alten „C"-Klasse als Deckladung nach Archangelsk versandt und dann per Kanalschiff und Bahn nach Lapvik verfrachtet.

Im Oktober 1915 waren somit neun U-Boote im Einsatz. Während sich die Leistungsfähigkeit der russischen Boote verbesserte, stiegen die deutschen Verluste 1916 alarmierend an. Die russische Moral litt jedoch stark unter dem Landfeldzug und die Leistungsfähigkeit des Stützpunkts Lapvik nahm rapide ab, als nach der Februar-Revolution im März 1917 die Regierung Kerensky an die Macht kam. Die Oktober-Revolution brachte dann das Ende. Mit der Unterzeichnung des Vertrags von Brest-Litowsk erklärten sich die Bolschewisten 1918 bereit, die in Helsingfors (Helsinki) stationierten britischen U-Boote an Deutschland zu übergeben. Das konnte die Admiralität nicht tolerieren. Am 8. April 1918 führte ein mit den wenigen „freundschaftlichen" Russen besetzter Eisbrecher die sieben überlebenden U-Boote ins offene Meer. Dort wurden sie von ihren Besatzungen versenkt, die dann durch Nordrussland evakuiert wurden. Sie hatten ihren Auftrag erfüllt, indem sie den Eisenerztransport unterbrochen und deutsche Marinetruppen abgelenkt hatten.

IM MITTELMEER

U-Boote der Royal Navy kämpften auch im Mittelmeer mit den Franzosen gegen die österreichisch-ungarische Marine. Die Deutschen schickten ebenfalls U-Boote. Ein gemeinsamer Stützpunkt wurde in Cattaro (Kotor) eingerichtet. Italien trat den Alliierten im Mai 1915 bei, erklärte aber nur Österreich-Ungarn den Krieg. Die *U 21* unter Kapitänleutnant Otto Hersing wurde von Kotor nach Konstantinopel geschickt, um eine Halbflottille mit fünf UB-U-Booten aufzubauen. Er durchquerte die riskante Passage bei den Dardanellen wohlbehalten, aber nur vier der kleineren Boote konnten ihm folgen.

Der anglo-französische Angriff bei den Dardanellen im Frühjahr 1915 mündete in einen neuen U-Boot-Feldzug. Die Alliierten merkten schnell, dass sie mit Überwasserschiffen nicht die Kanonen und Minenfelder in der Enge passieren konnten. Sie mussten daher U-

UNTEN: Ein U-Boot der „E"-Klasse der Royal Navy auf offener See. Das eingezogene Periskop zeigt, dass es zum Tauchen bereit ist. Die Mannschaft ist allerdings noch auf dem Turm.

OBEN: Nebeneinander liegende Torpedorohre im Torpedoraum eines „E"-Klasse-U-Boots. Die Erfahrung zeigte bald, dass stärkere Bugtorpedos nötig waren.

Boote benutzen. Die Risiken waren jedoch offensichtlich. Es gab nicht nur fünf Reihen Minen, auch die 4 bis 5 Knoten starke Strömung verursachte Navigationsprobleme. Es standen nur drei alte britische U-Boote der „B"-Klasse sowie die französischen *Brumaire* und *Circé* zur Verfügung. Bereits am 1. Dezember 1914 hatte die *B 11* eine aufregende Passage durch die Dardanellen geschafft und quasi als Belohnung für die Entschlossenheit der Besatzung das alte türkische Küstenverteidigungsschiff *Messudieh* versenken können.

Mit moderneren U-Booten wurde ein neuer Versuch unternommen, durch die Meerengen in das dahinter liegende Marmarameer einzudringen. Die ersten zwei Versuche schlugen fehl: Die *E 15* lief bei Kephez und die französische *Saphir* bei Nagara auf Grund. Das australische Boot *AE 2* erreichte das Marmarameer zuerst. Allerdings wurde sie bald von einem türkischen Torpedoboot versenkt. Die *E 14* folgte am nächsten Tag. Die französische *Joule* wurde von einer Mine versenkt, sodass bei nur einem Erfolg vier U-Boote verloren gingen. Danach lief es besser. Zur *E 14* gesellten sich sechs weitere britische Boote und die französische *Turquoise*. Obwohl die *Turquoise* schnell zerstört wurde, richteten die britischen U-Boote verheerende Schäden an, indem sie die Verschiffung von Truppen und Munition zu den türkischen Verteidigern auf der Halbinsel Gallipoli aufhielten. Der größte Erfolg war das alte Schlachtschiff *Hairredin Barbarossa* – die frühere deutsche *Kurfürst Friedrich Wilhelm* – die von der *E 11* im August 1915 torpediert wurde. Landungstruppen sabotierten außerdem Eisenbahnlinien. Der Feldzug endete erst, als die Briten und das australisch-neuseeländische Armeekorps die Halbinsel Gallipoli im Januar 1916 räumten.

Die deutschen und österreichisch-ungarischen U-Boote waren im Mittelmeer sehr erfolgreich. Am 25. Mai 1915 sichtete Hersing in der *U 21* das alte Schlachtschiff HMS *Triumph,* das bei Gaba Tepe auf türkische Schützengräben feuerte. Er wartete zwei Stunden auf den perfekten Schuss und versenkte sein Opfer mit einem einzigen Torpedo. Zwei Tage später sichtete er bei Kap Helles das Schlachtschiff HMS *Majestic,* das aber von Kohlenschiffen und Patrouillenbooten umgeben war. Wieder einmal zahlte sich seine Geduld aus. Als sich eine kleine Lücke ergab, versenkte er das alte Schiff mit einem einzigen Schuss. Angesichts dieser Bedrohung hatte die Royal Navy keine andere Möglichkeit, als ihre Schlachtschiffe und Kreuzer nach Mudros zurückzuziehen. Sie gewährten den Truppen nur noch leichte Feuerunterstützung, bis spezialisierte Artillerieschiffe aus England eintrafen. Das war ein außerordentlicher Erfolg der deutschen U-Boote.

Französische U-Boote operierten hauptsächlich im Mittelmeer. Trotz gewisser Erfolge waren sie nicht so erfolgreich wie die britischen oder deutschen U-Boote. Die Konstruktionen waren genial, aber nicht immer praktisch. Die Vielzahl der Typen machte die Logistik zu einem Alptraum. Das moderne Boot *Curie* versuchte am 20. Dezember 1914 in Pola (Pula) einzudringen, verfing sich aber in den Netzen und wurde mit Kanonenfeuer versenkt. Die Österreicher bargen das Wrack, reparierten es und benannten es in *U 14* um. Als das U-Boot nach dem Krieg an die französische Marine zurückgegeben wurde, diente es als Entwicklungsgrundlage und blieb bis 1928 im Dienst.

DEUTSCHLAND MISCHT SICH EIN

Die Kaiserliche und Königliche (KuK) Kriegsmarine hatte 1914 nur sieben U-Boote, die alle durch römische Ziffern unterschieden wurden. Dazu gehören zwei Lake-Boote, zwei von der Germania-Werft und drei vom Typ Holland. Das letzte davon, die *XII*, war als privates Vorhaben von Whitehead in Rijeka (Fiume) gebaut worden, wurde aber bei Ausbruch des Krieges beschlagnahmt. Eigentlich hätte sie die Nummer *VII* erhalten sollen. Diese Nummer wurde allerdings einem der fünf großen U-Boote zugeteilt, die 1913 bei der Germania-Werft bestellt worden waren. Sie wurden aber nie ausgeliefert, sondern als *U 66* bis *U 70* bei der deutschen Marine in den Dienst gestellt. Als Ausgleich erhielten die Österreicher fünf kleine „UB"-Boote, die als *X* (ehemals *UB 1*), *XI* (ehemals *UB 15*) und *XV* bis *XVII* bezeichnet wurden. Die arabische Numerierung der U-Boote nach deutscher Art wurde erst im Oktober des Jahres übernommen. Als Italien Österreich am 23. Mai 1915 den Krieg erklärte, fuhren die gerade ausgelieferten *X* und *XI* mit ihren deutschen Besatzungen von Deutschland bis Kotor. Sie versenkten im Juni das italienische U-Boot *Medusa* und das Torpedoboot *Nr. 5PN.* Im August rammte und versenkte der französische Zerstörer *Bisson* die *III* in der Straße von Otranto. Die *U 5*, ehemals *V*, lief 1915 bei Pola auf eine Mine. Die *U 16* torpedierte im Mai 1916 den Zerstörer *Nembo* bei Valona und wurde selbst zerstört, als die Wasserbomben ihres Opfers explodierten.

Eine neue Bedrohung kam auf, als beide Seiten das Potenzial des Flugzeugs entdeckten. Das klare Wasser des Mittelmeers war eine Gefahr für die U-Boote. Das erste Opfer war die französische *Foucault,* die im September 1916 bei Cattaro von zwei österreichischen Wasserflugzeugen bombardiert wurde. Schon davor, nämlich im August 1916, war die britische *B 10* durch ein Flugzeug versenkt worden. Allerdings hatte sie in Venedig im Dock gelegen.

In der Nordsee versuchten die Deutschen immer noch, die Blockade der Alliierten zu umgehen. Im Juni 1916 verließ ein neues großes „kommerzielles" U-Boot, die *Deutschland,* Kiel mit dem Ziel USA. Ihre Ladung bestand aus Post, chemischen Farbstoffen und Edelsteinen. Der Propagandawert war immens. Die Leute kamen in Scharen, um das U-Boot in Baltimore zu sehen. Ende Juli fuhr sie mit Kupfer, Nickel, Silber und Zink beladen wieder nach Deutschland zurück. Man hoffte, diese Fahrt im September wiederholen zu können. Die *Bremen* verschwand irgendwo bei den Orkney-Inseln. Mit Sicherheit wurde sie von einer Mine erwischt. Ihre Eskorte, die *U 53* fuhr allein nach Newport, Rhode Island. Ihr Kapitän, Kapitänleutnant Hans Rose, nutzte die Gelegenheit und unterhielt sich mit verlegenen Offizieren der US Navy, während deren Vorgesetzte Washington mit der Bitte um Anweisungen bedrängten. Als neutrales Land durften die USA eigentlich keinem U-Boot einer kriegführenden Nation erlauben, ihre territorialen Gewässer für ihre Ziele zu benutzen. Seine Großspurigkeit brachte Rose dazu, vom Leuchtschiff in Nantucket aus den Schiffsverkehr anzugreifen. Der Leiter der deutschen U-Boot-Flotte, Kommodore Hermann Bauer, hatte ihm erklärt, dass durch „kühne Taten" das Verbot der uneingeschränkten Kriegführung aufgehoben werden würde.

Tatsächlich geschah jedoch das Gegenteil. Die US-Regierung war nun noch besorgter wegen der deutschen Absichten, während die US Navy die Bedrohung durch die U-Boote sehr ernst nahm. Das „kommerzielle" U-Boot konnte niemals genug Fracht mit sich führen, um solche Fahrten zu rechtfertigen. Außerdem waren die *Deutschland* und ihre Schwesterschiffe mit zwei 50-cm-Torpedorohren, zwei 15-cm-Kanonen und zwei 8,8-cm-Kanonen bewaffnet. Diese so genannten „Kreuzer-U-Boote" trugen die Nummern *U 151* bis *U 157*. Der Entschluss, alle größeren U-Boote mit größeren Kanonen auszurüsten, war die Reaktion auf die bewaffneten Handelsschiffe der Alliierten. Die Ausrüstung mit mittelkalibrigen Kanonen war eine Zeitverschwendung. Wenn die U-Boote auf ein Ziel trafen, das sie mit Kanonen im Bereich von 7,62–10 cm nicht in den Griff kriegen konnten, würden sie größere Kanonen auch nicht retten. Vom Deck eines U-Boots zu schießen, war ziemlich schwer und selten erfolgreich, da es keine Feuerleitanlage zur Berechnung der Schussweite gab. Vom Heck eines Trampdampfers aus ging es auch nicht viel besser. Diese Verteidigungswaffen dienten wohl nur der Aufrechterhaltung der Moral.

ERFOLGREICHE EXPERIMENTE DER ROYAL NAVY

Obwohl die 57 Exemplare der „E"-Klasse der Royal Navy ideal für Nordsee- und Mittelmeeroperationen waren, wollte die U-Boot-Waffe in der Vorkriegszeit herausfinden, ob es nicht etwas Besseres gäbe als die Vickers-Modelle. Scott wurde gebeten, drei Boote der „S"-Klasse nach einem Entwurf des Italieners Laurenti zu bauen, während Armstrong vier U-Boote der „W"-Klasse nach einem Entwurf der Franzosen Schneider und Laubeuf bauen sollte. Um Vickers zu beschwichtigen, durfte die Firma ihren eigenen „V"-Entwurf einreichen. In der Praxis brachte das groß angelegte Experiment jedoch kein schlüssiges Ergebnis, weil es während des Krieges keine ausreichenden Möglichkeiten für vergleichende Probefahrten gab. Die vier Boote der

UNTEN: Offiziere und Mannschaft der *E 11* posieren bei Mudros für ein Bild, nachdem sie im August 1915 das türkische Schlachtschiff *Hairredin Barbarossa* versenkt haben.

„V"-Klasse blieben im Dienst. Die „S"- und „W"-Klasse bekam die italienische Marine in der Hoffnung, dass sie mit der „fremden" Ausrüstung besser zurecht käme.

Zur gleichen Zeit gab die Royal Navy den Anstoß für zwei weitere Experimente: Ein großes hochseetüchtiges 20-Knoten-Boot, das den deutschen U-Booten entsprechen sollte, und ein dampfgetriebenes Modell. Das erste, die HMS *Nautilus,* später *N 1*, bereitete viele Probleme und lief niemals aus. Sie diente jedoch als wertvolles Anschauungsobjekt und beendete ihre Laufbahn als Kraftwerk in der Chatham-Werft. Das zweite Modell, die HMS *Swordfish,* erhielt eine einzelne Getriebe-Dampfturbine, weil die Konstrukteure die geforderten 20 Knoten mit Dieselmotoren nicht garantieren konnten. Sie war jedoch kein Erfolg und wurde nach einem Jahr zum Überwasserpatrouillenboot *S 1* umgebaut.

Admiral Sir John Jellicoe, der Oberbefehlshaber der Grand Fleet, war besessen von der Vorstellung, die Hochseeflotte auf See von 22 Knoten schnellen U-Booten begleiten zu lassen. Daher wurde im Januar 1915 ein neues „Flotten-U-Boot", der Typ „J", bestellt. Es gab keinen ausreichend starken Dieselmotor, daher wurde der 8-Zylinder-Motor der „E"-Klasse zu einem 12-Zylinder umgebaut. Das neue U-Boot erhielt drei dieser Motoren, die jeweils ihre eigene Welle antrieben. Selbst das reichte nicht aus, um bis auf 2 Knoten an die 21 Knoten der Grand Fleet heranzukommen. Ein Beweis dafür, dass die Forderung von 1912 unrealistisch war. Dafür waren die Boote mit vier 45-cm-Bugtorpedorohren, zwei Seitenrohren und zwölf Torpedos gut bewaffnet. Durch ihre weit reichenden Funkgeräte konnten sie Berichte über Sichtungen in der Helgoländer Bucht direkt ohne Relaisstation übermitteln.

Im April 1915 sandte Vickers dem Leiter der U-Boot-Waffe, Commodore Hall, die Beschreibung eines U-Boots, das mit einer Kombination von Dampfturbinen und Dieselmotoren angetrieben werden sollte. Man war auf einen Vorschlag von 1913 gestoßen und hatte die besten Eigenschaften beider Konzepte kombiniert. Dieser Entwurf eines „Flotten-U-Boots" schien besser als alle bisherigen Vorschläge zu sein. Die Bewaffnung ähnelte der der „J"-Klasse. Zwei Kessel versorgten zwei Getriebe-Dampfturbinen mit Dampf. Durch die so erzeugten 10 000 PS konnte eine Oberflächengeschwindigkeit von 24 Knoten erreicht werden. Statt wie in Vickers Vorschlag die mittlere Welle mit dem Diesel anzutreiben, wurde er mit einem 700 PS starken Generator verbunden, um die zwei Elektromotoren mit Energie zu versorgen. Das war der erste diesel-elektrische Antrieb in einem britischen U-Boot. Da die U-Boote viel Zeit an der Oberfläche verbringen sollten, erhielten sie zusätzlich ein Paar 45-cm-Zwillingsdrehrohre in den langen Aufbauten. Die Bewaffnung umfasste außerdem zwei 10,16-cm-Kanonen und zum ersten Mal eine 7,62-cm-Flugabwehrkanone. Dies war die berüchtigte „K"-Klasse, die von Unglück und Katastrophen verfolgt wurde.

DIE BERÜCHTIGTE „K"-KLASSE

Die Probleme der „K"-Klasse waren zweierlei Gestalt. Die Boote waren sehr groß und komplex und hatten eine vergleichsweise bescheidene Zerstörungstauchtiefe, die 50 % größer als ihre Länge war. Theoretisch sollte die Dampfmaschine ausgeschaltet und die Elek-

UNTEN: Die 57 U-Boote der „E"-Klasse waren 1914–18 die Arbeitspferde der Royal Navy, obwohl fast die Hälfte von ihnen im Krieg verloren ging.

E 11

Länge: 54,8 m
Durchmesser: 6,8 m
Antrieb: Dieselelektrische Motoren mit zwei Wellen
Geschwindigkeit: 15/9 Knoten (über/unter Wasser)
Bewaffnung: Fünf 45-cm-Torpedorohre, eine 57-mm-Kanone (zeitweise)
Besatzung: 31 Mann

K 10

Länge: 159,68 m
Durchmesser: 13,03 m
Antrieb: Zwei Wellenturbinen/dieselelektrische Motoren
Geschwindigkeit: 24/9 Knoten (über/unter Wasser)
Bewaffnung: Acht 45-cm-Torpedorohre
Besatzung: 60 Mann

OBEN: Die berüchtigte britische „K"-Klasse wurde gebaut, um mit der Geschwindigkeit der Schlachtflotte mithalten zu können. Deshalb hatte sie Dampfturbinen und ölbefeuerte Kessel.

tromotoren vor dem Tauchen eingekuppelt werden. In der Praxis war jedoch genügend Dampf vorhanden, das Boot mit der Höchstgeschwindigkeit von 24 Knoten untertauchen zu lassen. Bei dieser Geschwindigkeit konnten die Ruder das Boot nicht immer schnell genug unter Kontrolle bringen, sodass das Boot unter die sichere Tauchtiefe sinken konnte. Es gab, um die Worte eines Zeitgenossen zu zitieren, „zu viele verdammte Mängel". Es bestand auch ständig das Risiko eines kleinen Klemmers, sodass die pilzförmigen Ventilatoren und Schornsteinschächte beim Tauchen nicht immer leicht geöffnet einrasteten. Das schlimmste Problem war jedoch die Einsatzkonzeption. Die Boote sollten in der Nähe von Überwasserschiffen operieren, die sie bei Nacht oder Nebel kaum sichten oder leicht mit einem deutschen U-Boot verwechseln konnten. Der lange Schiffskörper war nicht einfach zu manövrieren und es war somit schwierig, Gefechten aus dem Weg zu gehen. Ein anderer Zeitgenosse unterstellte der „K"-Klasse die „Handlichkeit eines Zerstörers, aber die Brückenausstattung eines Picketboots". Das Gesichtsfeld des niedrigen Kommandoturms war ein großer Nachteil. Trotz alledem waren die siebzehn Boote der „K"-Klasse nur 15 Jahre nach der *Holland No. 1* ein außerordentlicher Fortschritt.

Der Ruf als Unglücksbringer war begründet. *K 13* sank bei Testfahrten Ende Januar 1917 im Gareloch, weil sich die Ventilatoren des Maschinenraums nicht richtig schließen ließen. Der Verlust an Menschenleben war hoch, aber das Boot wurde schließlich geborgen, repariert und als *K 22* wieder in Dienst gestellt. Trotz einiger haarsträubender Vorfälle ging nur die *K 1* nach der Kollision mit der *K 14* an der dänischen Küste unter, sodass die „K"-Klasse erfolgreich in die Grand Fleet integriert werden konnte. Im Januar 1918 wurde ein Großeinsatz mit Großkampfschiffen geplant, die im Firth of Forth stationiert waren. Zwei Flottillen der „K"-Klasse fuhren dem Schlachtkreuzergeschwader voraus.

In der Nacht vom 31. Januar scherte die *K 22* wegen eines klemmenden Ruders aus der Linie und kollidierte mit der *K 14*. Die Schlachtkreuzer bemerkten dies nicht, da absolute Funkstille befohlen war. So richtete die HMS *Inflexible* beim Vorbeifahren großen Schaden an der *K 22* an. Der Flottillenführer HMS *Ithuriel* und die verbleibenden drei Boote der 13. U-Boot-Flottille kehrten um und gerieten dem leichten Kreuzer HMS *Fearless* und den vier Booten der 12. Flottille in die Quere. In der nachfolgenden Verwirrung rammte und versenkte die HMS *Fearless* die *K 17*. Später halbierte die *K 6* die unglückliche *K 4*. Zu allem Unglück pflügte auch noch das 5. Kampfgeschwader durch das Gebiet und tötete dabei viele Überlebende der *K 17*. Bei der *K 4* gab es keine Überlebenden.

Diese so genannte „Schlacht bei der Insel May" wurde nicht durch einen Konstruktionsfehler der „K"-Klasse ausgelöst, sondern durch die falsche Konzeption, Überwasserschiffe mit U-Booten zu mischen. Dennoch sprachen die Kritiker ständig von Konstruktionsfehlern, um der Royal Navy Inkompetenz bei U-Booten vorzuwerfen. Es sollte auch erwähnt werden, dass das deutsche Marineamt 1918 aus dem selben Grund ein großes dampfgetriebenes U-Boot plante – es fehlte ein ausreichend starker Dieselmotor.

DER U-BOOT-MONITOR

Die Royal Navy hatte trotzdem noch ein paar Asse im Ärmel. Als Antwort auf die Forderung von Commodore Hall nach einem „U-Boot-Monitor" mit großkalibriger Kanone wurden im Februar 1916 vier U-Boote der

„M"-Klasse bestellt. Sie waren keineswegs, wie oft behauptet, umgebaute „K"-Rümpfe, allerdings hatten sie eine alte 30-cm-Kanone L/35. Die einzigartige Halterung bot einen Erhöhungswinkel von – 10 ° bis + 20 ° und einen Schwenkbereich von 15 °. Gefeuert wurde nach der Methode Auftauchen-Schießen-Wegtauchen. Hierbei lag das U-Boot in Periskoptiefe, sodass nur die Mündung der Kanone aus dem Wasser ragte. Von den vier bestellten U-Booten wurden 1918 aber nur die *M 1* bis *M 3* fertiggestellt.

Die „R"-Klasse war revolutionär, ein U-Boot für die U-Jagd. Der Entwurf hatte viele moderne Merkmale, insbesondere einen gut manövrierbaren, stromlinienförmigen Schiffskörper in Walform, der an das moderne tropfenförmige U-Boot erinnert, sowie eine schwere Bugsalve aus sechs Torpedos, eine große Anordnung von Horchhydrophonen und eine hohe Unterwassergeschwindigkeit von 15 Knoten. Zehn U-Boote der „R"-Klasse wurden gebaut. Eines davon griff im Oktober 1918 ein U-Boot an, aber der Torpedo explodierte nicht. Es war ein solide durchdachter Entwurf, aber noch fehlten die Sensoren, um auch im Einsatz erfolgreich zu sein.

DEUTSCHLAND KOMMT ZURÜCK

Obwohl Deutschland durch diplomatischen Druck aus Amerika 1915 dazu gezwungen wurde, die uneingeschränkte U-Boot-Kriegführung zu beenden, versuchte das Oberkommando weiterhin, die Einschränkungen zu unterlaufen. Nach den schrecklichen Verlusten bei Verdun, und nachdem die Grand Fleet in der Schlacht von Jütland im Mai 1916 nicht geschlagen werden konnte, war Deutschland nicht mehr so siegessicher. Die Marine wie auch die Heeresleitung forderten lautstark, die U-Boote wieder einzusetzen, obwohl Diplomaten auf die Gefahr hinwiesen, dass die Amerikaner in den Krieg eingreifen könnten. Das Oberkommando setzte sich schließlich durch. Im Februar 1917 gab der Kaiser die offizielle Zustimmung für die Wiederaufnahme der uneingeschränkten Kriegführung. Die Marine erhielt alle nach dem Ausbruch des Krieges bestellten U-Boote. Die tägliche Zahl der U-Boote im Einsatz betrug Mitte 1915 durchschnittlich 10, Ende 1916 schon 30 und Mitte 1917 sogar 40 U-Boote. Es wurde hingenommen, dass Amerika in den Krieg eingreifen würde.

Die Admirale und Generale glaubten jedoch, durch die Zerstörung der Handelsflotte die Briten zum Frieden zwingen zu können. Da der Atlantik von deutschen U-Booten dominiert wurde, konnten die Amerikaner nicht intervenieren, selbst wenn sie wollten. Ohne britische und amerikanische Unterstützung würde man mit den Franzosen leicht fertig werden.

Die ersten Resultate gaben den Optimisten Recht. Innerhalb weniger Wochen schnellten die Verluste auf 800 000 t pro Monat. Britische und französische Gegenmaßnahmen zeigten keine Wirkung. Von vier Schiffen, die in das Kriegsgebiet fuhren, wurde eines mit Sicherheit versenkt. Als die USA schließlich im April 1917 den Krieg erklärten, traf sich Admiral William S. Sims

RECHTS: Hinter dem „Schwanenbug" der *K 12* verbarg sich ein schnell aufblasbarer Tank, damit der Bug beim Auftauchen schneller hochkam. Die hohe Brücke verbesserte die Übersicht.

von der US Navy in London mit dem Ersten Sealord, Sir John Jellicoe. Sims war erschrocken, als er erfuhr, dass der Krieg fast verloren war und die Nahrungsvorräte nur noch für sechs Wochen reichten. Die Admiralität wusste anscheinend nicht mehr weiter. Das herausragendste Beispiel für den Erfolg deutscher U-Boote war Lothar Arnauld de la Periére, dessen verschiedene U-Boote für die größten Verluste sorgten:

1915	
35 Schiffe mit insgesamt	89 192 t
1916	
122 Schiffe mit insgesamt	262 832 t
1917	
62 Schiffe mit insgesamt	170 672 t
1918	
5 Schiffe mit insgesamt	13 204 t
Insgesamt	535 900 t

1917 versenkten deutsche U-Boote die erschreckende Zahl von 3170 Schiffen mit insgesamt 5 938 023 t und 1918 waren es weitere 1280 Schiffe mit insgesamt 2 624 278 t. Die knappen Statistiken sagen nichts über den Tod der vielen Seeleute, ob Alliierte oder Neutrale, die ertranken, verbrannten oder durch Unterkühlung

OBEN: Die *M 2*, eines von drei U-Booten mit 30-cm-Kanone für die Küstenbombardierung und Überwasserangriffe.

starben. Aufgrund der zeitlichen Distanz ist es schwer zu verstehen, wie sich solch eine Gleichgültigkeit entwickeln konnte. Insbesondere die britischen Kriegsherren tragen einen Teil der Schuld, weil sie versucht haben vorzugeben, dass „es keine besonderen Vorkommnisse gäbe", und besonders weil der Marineminister, Winston Churchill, den allgemeinen Optimismus förderte, es würde ein kurzer Krieg werden. Ende 1914 wurden praktisch keine Handelsschiffe mehr gebaut, damit die Werften Kriegsschiffe herstellen konnten. Es gab keine Organisation für die Bergung auf hoher See, sodass beschädigte Schiffe nicht in den Hafen geschleppt wurden. Die Werftarbeiter durften sich auch noch zum Kriegsdienst melden. Beschädigte Handelsschiffe wurden auf Kiel gelegt oder von begleitenden Kriegsschiffen versenkt. Man erkannte nicht, wie wichtig die Schifffahrt für den Krieg war. Jedes Schiff, das unbeschädigt den Hafen erreichte, konnte neue Fracht aufnehmen, ein beschädigtes Schiff aber bedeutete den Verlust von Ladekapazitäten.

Im Sommer 1916 begriff die Admiralität endlich, dass ihr die Schiffe ausgingen. Es wurde eine Bergungsorganisation gegründet und eine neue Generation von Standardhandelsschiffen bestellt. In Kanada und Japan wurden Werften für diese Schiffe aufgebaut. Allerdings waren die meisten Schiffe erst fertig, als die schlimmste Krise überstanden war.

DER KONVOI

Auch der Schiffskonvoi wurde nicht eingeführt. Der Konvoi oder Geleitzug ist eine sehr alte Maßnahme, um Schiffe und ihre Ladungen zu schützen. Dabei wird eine Gruppe von Handelsschiffen durch Kriegsschiffe beschützt. Im Mittelalter durchquerten Weinschiffe so den Ärmelkanal von Bordeaux nach England. Auch während der Napoleonischen Kriege wurden Handelsschiffe so geschützt. Mit Hilfe falscher Statistiken wollte die Admiralität jedoch „beweisen", dass Konvois wegen fehlender Geleitschiffe nicht durchführbar wären. Erst das Beharren der Franzosen zwang die Briten dazu, ab Februar 1917 Kohlenschiffe im Geleitzug nach Frankreich zu schicken. Im April dieses Jahres, zum schlimmsten Zeitpunkt des deutschen U-Boot-Feldzugs, betrugen die Verluste bei den Kohlenschiffen nur 0,19 %, wohingegen die Verluste bei anderen Schiffen bei 25 % lagen. Dies war Beweis genug für einflussreiche Beamte im Handelsministerium, den generellen Einsatz von Konvois zu fordern. Die Admiralität wehrte sich mit ihrer ganzen Überzeugung dagegen und es schien, als würde der Krieg verloren sein, bevor eine Entscheidung fiel.

Die Auseinandersetzung darüber, wer den Konvoi letztendlich eingeführt hat, lässt sich endlos fortsetzen.

Premierminister Lloyd George betonte seine Rolle, die Entscheidung wurde ihm aber sicherlich vom Kabinettsminister Maurice Hankey aufgezwungen, der wiederum vom Handelsministerium überzeugt wurde. Mit all seiner Gerissenheit überredete Hankey Lloyd George dazu, die Admiralität zu überstimmen. Unter schrecklichen Warnungen vor einer Katastrophe fuhr der Geleitzug Ende April über den Ozean. Zum Erstaunen aller Beteiligten sank die Verlustrate bis Ende Mai auf 0,24 %. Bis Ende November wurden 84 000 Überfahrten im Konvoi gemacht, und nur 257 Schiffe wurden versenkt.

Für die deutschen U-Boote bedeutete dies das Ende leichter Beute. Rauch am Horizont bedeutete nun die Ankunft eines Schiffsverbandes, der von Zerstörern, Patrouillenbooten und sogar Luftschiffen eskortiert wurde. Alle deutschen U-Boot-Kommandanten mussten merken, dass die Ziele verschwanden und Kanonenschüsse von der Oberfläche nicht mehr sicher waren. Jedes U-Boot hatte nur einen Schuss auf den Konvoi und geringe Aussichten, überhaupt zu treffen. Und dieser Schuss wurde sofort mit Wasserbomben vergolten.

Einige Monate später war es endlich möglich, U-Boote auch anzugreifen. Eine neue Stoßhornmine, die auf der alten deutschen Mine basierte, war nun in ausreichender Menge vorhanden. Durch nächtliche Minenlegeeinsätze in feindlichen Gewässern wurden die Ausfahrwege der U-Boot-Stützpunkte blockiert. Dank der Entschlüsselung geheimer Dokumente konnten deutsche U-Boote in den Hinterhalt gelockt werden. Hydrophone konnten abgetauchte Ziele aufspüren und mit der Wasserbombe konnte unter Wasser angegriffen werden.

Als der Krieg im November 1918 endete, musste die deutsche Marine alle seetüchtigen U-Boote an alliierte Häfen übergeben. 360 waren gebaut worden, 400 weitere lagen unvollendet oder waren abbestellt worden, weil die deutsche Kriegswirtschaft unter den Forderungen des Heeres zusammengebrochen war. Sie haben über 11 Millionen Tonnen an Schiffen versenkt und weitere 7,5 Millionen Tonnen beschädigt. Dafür mussten sie den Verlust von 178 U-Booten und 5364 Offizieren und Seeleuten, etwa 40 % der gesamten Flotte, in Kauf nehmen.

Unten: Bis auf die großen Kanonen waren die britischen U-Boote der „M"-Klasse konventionell gebaut. Die Kanone konnte dank eines Visiers auf der Mündung vom Periskop aus abgefeuert werden.

M 1

Länge: 90,14 m
Durchmesser: 7,5 m
Antrieb: zwei Wellenturbinen/Dieselelektrische Motoren
Geschwindigkeit: 15/9,5 Knoten (über/unter Wasser)
Bewaffnung: Vier 45-cm-Torpedorohre, eine 12in, eine 76-mm Kanone
Besatzung: 64 Mann

KAPITEL 3

U-Boote im Zweiten Weltkrieg

Der U-Boot-Bau machte zwischen den Weltkriegen große Fortschritte. Im Zweiten Weltkrieg zeigte sich wiederum, dass die U-Boote verheerende Schäden anrichten konnten. Der deutsche Feldzug im Atlantik konnte zwar gestoppt werden, die Japaner fanden im Pazifik jedoch kein Mittel gegen die amerikanischen U-Boote, die ihre Flotte vernichteten.

Nach den Bedingungen des Versailler Vertrages musste die Reichsmarine auf U-Boote verzichten. Die riesige U-Boot-Flotte wurde innerhalb kürzester Zeit bis auf einige wenige Exemplare verschrottet, die die Alliierten für experimentelle Zwecke benutzten. Deutschland hatte jedoch nicht die Absicht, die harten Bedingungen des Vertrages zu akzeptieren. Eine Gruppe von Konstrukteuren der Germania-Werft unter der Leitung von Dr. Hans Techel ging nach Holland, um dort insgeheim ein U-Boot-Entwicklungsbüro unter der Tarnbezeichnung „Ingenieurskantoor voor Scheepsbouw" (Ingenieurbüro für Schiffsbau) aufzubauen. Das Ziel war, mit der U-Boot-Technologie Schritt zu halten und Modelle für die künftigen Bedürfnisse der Reichsmarine zu entwerfen. Zur gleichen Zeit wurde auch ein Torpedoforschungsprogramm in Schweden ins Leben gerufen. Weder Schweden noch Holland haben sich jemals zu diesen eklatanten Verstößen gegen internationale Abrüstungsverträge geäußert.

LINKS: Ein U-Boot vom Typ VIIB kehrt im Krieg zu seinem Stützpunkt an der französischen Atlantikküste zurück.

Die meisten Marinen bauten in den Nachkriegsjahren eigene U-Kreuzer. Die britische *X 1* mit zwei 13,5-cm-Zwillingsgeschützen, die amerikanischen *Argonaut* (*V 4*), *Narwhal* (*V 5*) und *Nautilus* (*V 6*), jede mit zwei

ODIN

Länge: 86,41 m
Durchmesser: 9,12 m
Antrieb: Dieselelektrische Motoren mit zwei Wellen
Geschwindigkeit: 17,5/8 Knoten (über/unter Wasser)
Bewaffnung: Acht 53-cm-Torpedorohre, eine 10,16-mm-Kanone
Besatzung: 53 Mann

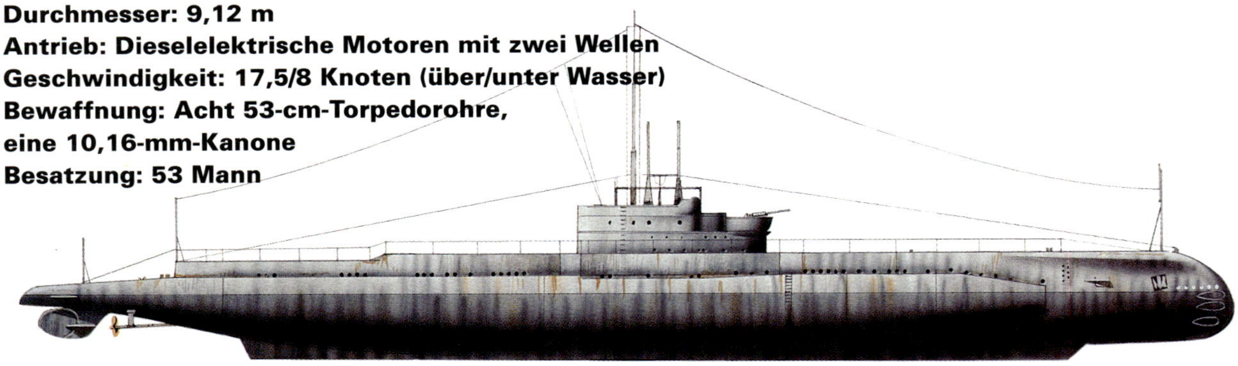

OBEN: Die britischen U-Boote der „O"-Klasse wurden nach den Erfahrungen aus dem Ersten Weltkrieg gebaut. Die außen liegenden Tanks waren allerdings äußerst gefährlich.

einzelnen 13,2-cm-Kanonen sowie die französische *Surcouf* mit einem 20,3-cm-Zwillingsgeschützturm setzten neue Maßstäbe. Die Royal Navy betrachtete die *X 1* als Enttäuschung und suchte nach besseren Einsatzmöglichkeiten für ihre drei U-Boote der „M"-Klasse. Die *M 2* wurde so umgebaut, dass ein kleines Schwimmerflugzeug vom Typ Parnall Peto auf ihr starten und landen konnte. Die *M 3* wurde zum Minenleger umgerüstet.

NEUE ENTWICKLUNGEN

Schwimmerflugzeuge waren für das Auskundschaften entfernter Gewässer gut geeignet. Bereits im Ersten Weltkrieg hatten Briten und Deutsche dieses Konzept ausprobiert. Die US Navy passte der *S 1* einen röhrenförmigen Hangar mit einem winzigen Schwimmerflugzeug auf dem Achterdeck an. Die Japaner hatten in den zwanziger Jahren eine Reihe Kreuzer-U-Boote und schließlich den J1M-Prototyp *I 5* mit einem Wasserflugzeug und einem Katapult gebaut. Der röhrenförmige Hangar war Teil des Kommandoturms, der geteilt wurde, damit die Flügel in der einen Hälfte und Rumpf und Schwimmer in der anderen untergebracht werden konnten. Die Fahrstrecke über Wasser betrug 44 450 km bei einer Geschwindigkeit von 10 Knoten. Unter Wasser war ihre Fahrstrecke 111 km bei 3 Knoten. Ihre Tauchtiefe betrug 90 m. Sie konnte Vorräte für 60 Tage lagern und diente als Vorläufer für die *I 6* vom Typ J2 sowie für die Klassen „I 9" und „I 15" (Typen A1 und B1), die mit sechs 53,3-cm-Rohren und 20 Torpedos sowie zwei 13,8-cm-Kanonen schwer bewaffnet waren.

Als schwache Seemacht hatte Japan bereits 1906 Interesse an U-Booten gezeigt. Nach den Erfahrungen des Ersten Weltkriegs war es überzeugt von der Notwendigkeit einer großen Flotte. Das strategische Ziel lag darin, U-Boote in der Hauptflotte zu benutzen, um die Feinde, insbesondere Großbritannien und die USA, zu zermürben, bevor sie dann unter günstigeren Bedingungen mit der Überwasserflotte bekämpft werden konnten. Die zwischen 1916 und 1924 gebaute „L"-Klasse der Royal Navy diente als Vorbild für die über 30 U-Boote der Typen Kaidai und L3. Sie bildeten in den dreißiger Jahren den Großteil der Flotte und ergänzten die großen hochseetüchtigen Boote vom Typ Jun-sen.

Bei der Washingtoner Abrüstungskonferenz von 1921 bis 1922 votierten die Franzosen gegen jegliche Beschränkung der U-Boote. Einige einflussreiche höhere Offiziere, angeführt von Admiral Daveluy, versuchten zu beweisen, dass U-Boote die Überwasserflotte vollständig ersetzen könnten. Unterstützt durch den einflussreichen Vorsitzenden des Ausschusses für den Marineetat, de Kerguezec, schlugen sie eine Flotte von 200 bis 250 U-Booten vor. Diese Doktrin der französischen Marine war zum Scheitern verurteilt: Die angeblich geringeren Kosten für U-Boote waren eine Illusion, Tonne für Tonne kosteten sie genau soviel wie Schlachtschiffe. Es wurden auch viele Experten für Bau, Betrieb und Instandhaltung benötigt. Außerdem hatten sie eine kürzere Lebensdauer, da U-Boote mit altersschwachen Systemen nicht mehr sicher genug zum Tauchen sind.

Nach den ersten hektischen Experimenten der Nachkriegszeit erkannten die meisten Marinen, dass ein Boot mittlerer Größe mit einer Verdrängung von 750 bis 1500 t über Wasser sinnvoller war. Küsten-U-Boote mussten auch in niedrigen Gewässern operieren können, in denen größere U-Boote nicht fahren konnten. 1931 waren insgesamt 26 große, 188 mittlere und 233 kleine Typen im Dienst sowie 123 im Bau.

Die Rote Flotte der Sowjetunion hatte einige U-Boote aus der Zarenzeit behalten: Sechs in der Ostsee, achtzehn im Schwarzen Meer, acht im Kaspischen Meer und eines in der Arktis. Die ersten neuen U-Boote der „D"- oder „Dekabrist"-Klasse wurden 1927 nach einem italienischen Entwurf gebaut. Die britische *L 55*, die während des Interventionskrieges 1919 gesunken war, wurde 1928 geborgen und diente als Lehrmaterial für die neue „L"- oder „Leninetz"-Klasse. Die Deutschen boten technische Unterstützung für die „S"- oder „Stalinetz"-Klasse an. Diese Klasse ähnelt dem zeitgenössischen Typ VIIA, laut deutschen Quellen soll aber die „UB III" aus Kriegszeiten als Basis gedient haben. Außerdem gab es Kreuzer-U-Boote vom Typ „K" und Küstenboote vom Typ „M", die so klein waren, dass sie mit der Eisenbahn transportiert werden konnten.

Die skandinavischen Marinen hatten seit 1904 Erfahrungen mit U-Booten, als Schweden die *Hajen* mit 170 t zu Wasser ließ. Die Königliche Niederländische Marine war mit ihren „Onterzeebooten" der O-Reihe für den Heimatdienst und den „Kolonialbooten" der K-Reihe mit römischen Ziffern für den Einsatz in Ostindien auch im U-Boot-Geschäft. Dank der Hilfe der deutschen Gruppe in Rotterdam ist es keine Überraschung, dass die holländischen Werften in der Zeit zwischen den Kriegen gut am Exportmarkt beteiligt waren.

Die Royal Navy ersetzte die Nummern durch Namen und setzte sie bei „O" alphabetisch fort. Nach der *X 1* war die „Oberon"- oder „O"-Klasse die erste neue Konstruktion. 1939 war man bei der „T"-Klasse angekommen. Die Ausnahme bildeten drei Hochgeschwindigkeitsflottenboote, die „River"-Klasse, und die Minenleger der „Porpoise"-Klasse (dt. „Tümmler"). Britische Entwürfe wurden nach Chile, Estland, Portugal, in die Türkei und nach Jugoslawien exportiert. Zwei Klassen wurden im Krieg für die Serienproduktion ausgewählt, die erwiesenermaßen seetüchtige „S"-Klasse und die größere hochseetüchtige „T"-Klasse. Kurz vor Ausbruch des Krieges ersetzte die kleine „U"-Klasse die inzwischen überholte „H"-Klasse bei der Ausbildung. Die Entscheidung, sie nicht zu bewaffnen, wurde rechtzeitig rückgängig gemacht und die Klasse wurde im Krieg in großer Zahl gebaut.

UNTEN: Zusammenkunft britischer U-Boote am Ende des Krieges. Von links nach rechts: Eine frühe „S"-Klasse, eine „U"- oder „V"-Klasse, P-614, HMS *Upright* und HMS *Unison*.

Oben: Die HMS *Unrivalled* aus der verbesserten „U"-Klasse. Diese U-Boote unterschieden sich von den Vorkriegsmodellen durch den „Haifischbug".

Als Adolf Hitler 1933 Reichskanzler wurde, besaß der Führungsstab der Marine bereits Pläne für fünf Typen: ein seetüchtiges Modell von 500 bis 750 t auf der Basis der *UB III* von 1917, einen hochseetüchtigen Minenleger, einen 1500-t-U-Kreuzer, ein 250-t-Küstenboot und einen 500-t-Küstenminenleger. Die Minenleger und der Kreuzer wurden nicht gebaut; die anderen jedoch dienten als Grundlage für künftige Modelle. Bis November 1934 wurde Material für zehn Küstenboote vom Typ II heimlich in Holland, Finnland und Spanien gekauft. Dank Hitlers Unterstützung ging die Entwicklung schnell voran. Ende 1935 waren 24 Boote im Bau. Für die britische Admiralität, die genau dies verhindern wollte, war das ein schwerer Schlag.

DIE ADMIRALITÄT WILL HITLER AUFHALTEN

Da Deutschlands neue Marineprogramme nicht gestoppt werden konnten, gab es nur die Alternative, sie unter Kontrolle zu bringen. Das deutsch-britische Flottenabkommen von 1936 sah für Deutschland eine Parität bei den U-Booten, aber nur ein Drittel der Stärke der Royal Navy an Überwasserschiffen vor. Dieses Abkommen galt damals wie heute als Beschwichtigung, aber es konnte der deutschen Expansion Einhalt gebie-

TYP XXI

Länge: 76,7 m
Durchmesser: 6,6 m
Antrieb: Dieselelektrische Motoren mit zwei Wellen
Geschwindigkeit: 15,6/17,2 Knoten (über/unter Wasser)
Bewaffnung: Sechs 53-cm-Torpedorohre, zwei 20-mm-Kanonen
Besatzung: 57 Mann

ten. Ein großer Vorteil war die Wahl der nominellen 500-t-Konstruktion vom Typ VII, der eigentlich 750 t hatte, um den größten Nutzen aus der festgesetzten Tonnage zu ziehen. Als der Krieg fortschritt, zeigte sich, dass das Modell zu klein für den Einsatz im Atlantik war. Da war es aber zu spät, den Druckkörper zu ändern.

Im August 1939 hatte der Befehlshaber der U-Boote, Admiral Karl Dönitz, 65 U-Boote unter seinem Kommando. Davon waren 32 Küstenboote vom Typ II, zwölf hochseetüchtige Boote der Typen I und IX sowie 21 seetüchtige Boote vom Typ VII, von denen zehn noch ausgerüstet werden mussten. Als der Krieg im folgenden Monat ausbrach, waren 21 Boote auf See. Diesmal wollte Hitler die amerikanische Meinung nicht gegen sich aufbringen. Daher wurden die Boote angewiesen, die Prisenvorschriften bis ins Detail zu befolgen. Sie waren in einem internationalen Protokoll festgelegt, von dem die Admiralität nicht einen Moment

UNTEN: Die HMS *Thrasher* kehrt im Oktober 1945 zu ihrem Stützpunkt zurück. Sie enthält alle Änderungen der „T"-Klasse: Den runden Bug, nach hinten feuernde Rohre und die 20-mm-Kanone.

UNTEN: Durch die Erhöhung der Batteriekapazität konnte der Typ XXI kurzfristig hohe Unterwassergeschwindigkeiten erreichen. Das schnelle Nachladen ermöglichte schwere Bugsalven.

geglaubt hatte, dass es in der Praxis funktionieren würde. Deshalb hatten sie die Kapitäne der Handelsmarine bereits vor der Abschuss-bei-Sichtung-Politik gewarnt. Es gab auch keine Debatte über den Konvoi. Der Mangel an Geleitbooten verhinderte eine geschlossene Eskorte während der gesamten Passage über den Atlantik ohnehin. Als Kapitänleutnant Julius Lemp in der *U 30* einen Tag nach Ausbruch des Krieges das Linienschiff *Athenia* mit einem Truppenschiff verwechselte und sie torpedierte, wurde ihm mit dem Kriegsgericht gedroht. Das Propagandaministerium beschlagnahmte jedoch das Logbuch der *U 30* und beschuldigte Winston Churchill und die Admiralität, die *Athenia* selbst versenkt zu haben, um Deutschland zu belasten.

Trotz Einhaltung der Prisenvorschriften versenkten die deutschen U-Boote bis Ende Dezember 1939 114 Schiffe mit insgesamt 421 156 t. Nach Ablauf der Vorschriften im September 1939 war es erlaubt, jedes Schiff anzugreifen, das unbeleuchtet an der britischen oder französischen Küste entlang fuhr. Am 4. Oktober wurde diese Befreiung auf 15 ° West ausgedehnt. Zwei Wochen später wurde die Erlaubnis erteilt, jedes als feindlich identifizierte Schiff zu versenken. Das letzte Verbot, keine Linienschiffe anzugreifen, wurde am 17. Dezember aufgehoben. Die uneingeschränkte Kriegführung war wieder eingeführt.

DIE UNEINGESCHRÄNKTE KRIEGFÜHRUNG

Die spektakulärsten Erfolge der ersten Wochen wurden jedoch gegen Kriegsschiffe erzielt. Am 12. September versenkte die *U 29* den Flugzeugträger HMS *Courageous* in den südwestlichen Zugangswegen zum Atlantik. Die Jagd dauerte zwei Stunden, aber Kapitänleutnant Schuharts Geduld wurde belohnt, als die *Courageous* in den Wind drehte, um ihr Flugzeug aufzunehmen. Sie hätte vielleicht entkommen können, wären nicht zwei ihrer begleitenden Zerstörer abkommandiert gewesen, um einem sinkenden Handelsschiff zu helfen. Zwei Tage später verfehlte eine Salve Torpedos der *U 39* nur knapp den neuen Träger HMS *Ark Royal*. Diesmal zog das U-Boot jedoch den kürzeren. Die Eskorte des Flugzeugträgers versenkte es mit Wasserbomben. Die Admiralität erkannte schnell, dass Flugzeugträger zu wertvoll waren, um sie bei U-Jagd-Patrouillen aufs Spiel zu setzen.

Genau einen Monat später erzielte Kapitänleutnant Günther Prien mit der *U 47* einen beachtlichen Erfolg, indem er in Scapa Flow eindrang und dort das alte Schlachtschiff HMS *Royal Oak* versenkte. Die Luftaufklärung hatte gezeigt, dass über 20 Jahre starke Ströme

UNTEN: Ein Vorkriegsmodell vom Typ VIIA bei einer Feier. Beim VIIA fehlten der auffällige Windabweiser am Turm und andere Verbesserungen.

Oben: Die massive Flugabwehrbewaffnung (eine 37-mm-Kanone, zwei 20-mm-Zwillingskanonen) und die „Radarmatratze" sind Verbesserungen, die der Typ VII im Krieg erhielt.

und Winterstürme die Blockadeschiffe verschoben hatten, die im ersten Weltkrieg im Kirk Sound versenkt worden waren. Das U-Boot-Kommando gab Prien die Erlaubnis, einen Weg in den großen natürlichen Hafen zu finden. Zwischen 1914 und 1918 waren nur zwei Versuche unternommen worden, die Verteidigung von Scapa Flow zu durchbrechen, beide hatten katastrophal geendet. Prien machte sich daher keine Illusionen über das Risiko. In der Nacht vom 13. Oktober 1939 zwängte sich die *U 47* an den rostenden Blockadeschiffen und ihren vertäuten Ketten vorbei, wobei sie einmal auf Grund lief. Scapa Flow war fast leer, da sich die Heimatflotte auf See befand. Der Ausguck sichtete jedoch nördlich die *Royal Oak*. Da ein Bugtorpedo defekt war, konnte das U-Boot nur drei Torpedos abschießen. Prien schämte sich fast, als er nur eine kleine Explosion hörte, vielleicht von einem Treffer an der Ankerkette oder einem Teilversager. Er drehte das U-Boot, um einen Schuss aus dem einzelnen Heckrohr zu versuchen. Der ging jedoch auch daneben. Also zog er sich zurück, um die Bugrohre nachzuladen. Diesmal detonierten alle drei Torpedos unter dem Kiel der *Royal Oak*. Dreizehn Minuten später drehte sich das 23 Jahre alte Schiff auf die Seite und sank. Mit ihr gingen 833 Offiziere und Mannschaften unter.

Die U-Boot-Waffe war begeistert. Prien und seine Besatzung wurden mit Ehren überschüttet. Auch wenn die *Royal Oak* ein altes Schiff gewesen war, so hatte ihr Verlust doch gezeigt, dass Scapa Flow nicht mehr sicher war. Die Heimatflotte war gezwungen, einen provisorischen Stützpunkt in Loch Ewe an der Westküste Schottlands aufzusuchen, bis Scapa Flow wieder gesichert war. Diese Erfahrung hatte die Grand Fleet bereits 1914 gemacht. Die deutsche Kriegsmarine konnte jedoch die vorübergehende Abwesenheit der Flotte nicht so erfolgreich nutzen wie die Kaiserliche Marine.

GELEITSCHIFFE

Die Admiralität hatte zwar ausführliche Pläne für das Geleit von Handelsschiffen, aber keine Geleitschiffe. Deshalb wurde eine geschlossene Eskorte nur bis 15 ° West eingesetzt. In Küstengewässern behalf man sich mit Überwachungsflügen. Als im Frühjahr 1940 die neuen Korvetten der Flower-Klasse eingesetzt wurden, waren auch sie sehr effektiv in Küstengewässern. Um diese tödliche Konzentration von Abwehrmitteln zu umgehen, mussten die deutschen U-Boote weiter westlich fahren. Deshalb wurde das Konvoisystem bis 17 ° West und drei Monate später sogar bis 19 ° West ausgeweitet.

Auf der anderen Seite des Atlantiks mussten die Kanadier ihr Geleit von 56 ° auf 53 ° West ausdehnen. So gab es noch ein „schwarzes Loch" im Mittelatlantik, in dem die Handelsschiffe weder Luftunterstützung

Oben: Kapitänleutnant Otto Kretschmer und die Mannschaft der *U 99* im Mai 1940 in Kiel, als die U-Boote noch keine Gegner zu fürchten brauchten.

Unten: Die *U 118* wird im Juni 1943 im Mittelatlantik von den Flugzeugen des Trägers USS *Bogue* versenkt.

noch Eskorten hatten. Das einzige, was sie vor der Vernichtung rettete, war der Mangel an U-Booten. Viele mussten zur Ausbildung in Heimatgewässern bleiben, andere mussten gewartet werden. Außerdem führten U-Jagd-Maßnahmen und Unfälle ständig zu Verlusten.

So hatten die alliierten Marinen nun Zeit, die Organisation der Konvois zu verbessern und mehr Geleitschiffe zu bauen oder umzubauen. Zusätzlich wurden Minenfelder im Ärmelkanal verlegt, um die deutschen U-Boote durch die nördliche Passage zu zwingen. Die Sperre bei Dover, während des Ersten Weltkrieges noch im Entstehen, funktionierte jetzt vollständig. Drei von vier deutschen U-Booten gingen im ersten Monat auf ihr Konto.

DER NORWEGENFELDZUG

Britische und französische U-Boote waren in der Nordsee aktiv. Sie waren jedoch auf Aufklärung, Minenlegen und den einen oder anderen seltenen Schuss auf ein vorbeifahrendes deutsches U-Boot beschränkt. Die Hauptstützpunkte waren in Blyth und Dundee an der Ostküste, wo die polnischen U-Boote *Wilk* und *Orzel* nach ihrer heldenhaften Flucht durch die Ostsee zu ihnen stießen. Die im Mittelmeer befindlichen Boote wurden in die Heimat gebracht, um die neue 3. Flottille in Harwich zu bilden.

Ihre Chance kam im norwegischen Feldzug 1940, als

GALILEO GALILEI

Länge: 70,5 m
Durchmesser: 6,8 m
Antrieb: Dieselelektrische Motoren mit zwei Wellen
Geschwindigkeit: 17/8 Knoten (über/unter Wasser)
Bewaffnung: Acht 53-cm-Torpedorohre, zwei 100-mm-Kanonen
Besatzung: 52 Mann

OBEN: Die *Galileo Galilei* wurde im Roten Meer von einem britischen Trawler erbeutet und in HMS *X2* umbenannt.

die englisch-französische Entscheidung, die Eisentransporte von Narvik in die Ostsee zu stören, mit der deutschen Invasion von Dänemark und Norwegen zusammentraf. Die Admiralität hatte 19 U-Boote auf Patrouille. Auch das Versenken des Truppentransporters *Rio de Janeiro* durch die *Orzel* riss sie nicht aus ihrer Selbstzufriedenheit. Alliierten U-Booten wurde am 9. April nur erlaubt, Militärtransporte anzugreifen. Zwei Tage später wurde diese Vorschrift dahingehend geändert, dass jedes Schiff außerhalb von 10 Meilen vor der norwegischen Küste angegriffen werden durfte. Die darauf folgenden spektakulären Erfolge zeigten, was hätte erreicht werden können, wenn die U-Boote eher eingesetzt worden wären. In weniger als einem Monat wurden 18 deutsche Transporter, Tanker und andere Handelsschiffe ebenso versenkt wie der leichte Kreuzer *Karlsruhe,* das Artillerieschulschiff *Brummer* und die *U 1.* Von U-Booten verlegte Minen versenkten weitere 13 Schiffe. Das Panzerschiff *Lützow* wurde von der HMS *Spearfish* schwer beschädigt. Die britischen Verluste waren nicht übermäßig hoch, wenn man bedenkt, dass 100 000 t der knappen deutschen Schiffskapazität versenkt worden waren. Die HMS *Thistle* wurde von der *U 4* torpediert. Die *Tarpot* und *Sterlet* wurden von U-Jagdschiffen versenkt und der Minenleger *Seal* war gezwungen aufzutauchen und aufzugeben, nachdem er von einer eigenen Mine beschädigt worden war.

Die britische Admiralität bat die französische Marine, ihr drei Minenleger der Saphir-Klasse zu leihen, erhielt jedoch nur die *Rubis.* Sie kam am 1. Mai 1940

UNTEN: Das „Elektroboot" vom Typ XXI war eine der Waffen, mit denen Dönitz die Verluste im Jahr 1943 ausgleichen wollte. Es wurde aber in zu geringer Zahl gebaut.

ARCHIMEDE

Länge: 72,47 m
Durchmesser: 6,68 m
Antrieb: Dieselelektrische Motoren mit zwei Wellen
Geschwindigkeit: 17,3/8 Knoten (über/unter Wasser)
Bewaffnung: Acht 53-cm-Torpedorohre,
eine 120-mm-Kanone
Besatzung: 58 Mann

OBEN: Die italienische *Archimede* ersetzte ein älteres U-Boot gleichen Namens, das heimlich während des spanischen Bürgerkriegs an die Nationalisten übergeben wurde.

unter dem Kommando von Lieutenant de Vaisseau Georges Cabinier in Harwich an. Neun Tage später legte sie 32 Minen im Egersund, gefolgt von weiteren 32 im Haugesund am 24. Mai. Ein weiteres Dutzend französische U-Boote befanden sich in britischen Gewässern, aber keines konnte es der *Rubis* gleichtun; die *Doris* fiel sogar im Mai nahe der holländischen Küste der *U 9* zum Opfer.

Die Probleme der deutschen U-Boote lagen wohl im Versagen der Abstandszündung des G7-Torpedos. Sie wurde nachteilig von den Schwankungen der irdischen Magnetfelder in großen Tiefen beeinflusst. Bei Erprobungen vor dem Krieg war man auf diese Schwäche nicht gestoßen. Nach bitteren Klagen der U-Boot-Kommandanten musste Admiral Dönitz einen Untersuchungsausschuss einsetzen. Da die deutschen U-Boote für den Norwegenfeldzug aus dem Atlantik abgezogen wurden, gewannen die alliierten Eskorten in einer kritischen Zeit eine Ruhepause.

Diese Pause war jedoch trügerisch. Während die Deutschen ihre Eroberungen in Norwegen festigten, bereiteten sich Wehrmacht und Luftwaffe auf die Invasion Frankreichs und Hollands vor. Nachdem die Deutschen über Belgien angriffen, wurden die meisten alliierten U-Boote aus den norwegischen Gewässern abgezogen und verlegt, um den Einfall feindlicher Marinetruppen in die südliche Nordsee zu verhindern. Nach dem Fall von Holland und Frankreich flüchteten einige holländische und französische U-Boote in britische Häfen. Es wurde alles versucht, um auch im Bau befindliche U-Boote aus Brest und Cherbourg herauszuholen. Zu den geretteten Schiffen gehörten u. a. die riesige *Surcouf*, die kleine *Junon*, die *Minerve*, die *Narval*, die *Ondine*, die *Orion* und die noch unfertige *La Créole*. Während Marschall Pétain den Waffenstillstand unterzeichnete, wurden französische Marineoffiziere mit ihren Schiffen nach Frankreich zurückbeor-

UNTEN: Dieses große U-Boot hieß ursprünglich *V4* und war der einzige Minenleger der US Navy.

ARGONAUT

Länge: 109,73 m
Durchmesser: 10,36 m
Antrieb: Dieselelektrische Motoren mit zwei Wellen
Geschwindigkeit: 13,6/7,4 Knoten (über/unter Wasser)
Bewaffnung: Vier 53-cm-Torpedorohre,
zwei 15,2-cm-Kanonen, 60 Minen
Besatzung: 52 Mann

dert. Die Briten hatten guten Grund, den Wert von Hitlers Garantien anzuzweifeln. Am 3. Juli beschlagnahmte die britische Marine alle französischen Kriegsschiffe, die in britischen Häfen lagen. Die Erfolge variierten je nach Einfühlungsvermögen der beteiligten Personen. In Dundee gewann Commander Gambier den

UNTEN: Die riesigen japanischen U-Boote *I-400, I-401* und *I-14* liegen nach der Kapitulation im August 1945 neben einem US-Tender in der Bucht von Tokio. Die Schienen für die Katapulte und die röhrenförmigen Hangars sind gut zu erkennen. Diese großen U-Boote erwiesen sich als nutzlos und wurden nach dem Krieg von den Amerikanern versenkt.

Oben: Die japanische *No. 69* war ein zweitklassiges U-Boot auf der Grundlage einer Vickers-Konstruktion und der „L"-Klasse der Royal Navy.

Kommandanten und die Besatzung der *Rubis* für die Briten. Eine ähnliche Übergabe fand in Portsmouth statt. In Plymouth führte Widerstand gegen die Beschlagnahmung der *Surcouf* jedoch zu Blutvergießen. Die Gründung der Freien Französischen Marine unter der Exilregierung General de Gaulles erlaubte der französischen Marine, weiterhin in französischen Uniformen zu kämpfen.

Bereits Stunden nach dem Fall Frankreichs hatten Admiral Dönitz und sein Stab Pläne geschmiedet, die Entwicklungen auszunutzen. Lastwagen wurden beschlagnahmt, um Ausrüstung wie Luftkompressoren und Torpedos an die Atlantikküste zu bringen. Von dort aus konnten die U-Boote die viel befahrenen Schifffahrtswege viel leichter als bisher erreichen.

DIE SCHLACHT IM ATLANTIK

Die deutschen U-Boote hatten ihre Gegner vollkommen umfasst. Die Briten konnten nicht mehr auf die Hilfe der französischen Marine und der großen Handelsmarine zurückgreifen. Was Winston Churchill später die „Schlacht im Atlantik" nannte, hatte hier begonnen. Der Feldzug wurde mit aller Macht bis zum Ende des Krieges in Europa 1945 geführt. Der ewige Opportunist Mussolini erklärte genau in diesem Moment Großbritannien und Frankreich den Krieg. Er befahl der italienischen Marine, einen U-Boot-Stützpunkt in Bordeaux zu errichten. Unter dem Namen BETASOM (Beta [Bordeaux], Som [Sommergibili]) hatte er Anfang 1941 27 U-Boote. Wären die italienischen Boote besser an die Bedingungen im Atlantik angepasst gewesen, hätte ihr Beitrag entscheidend sein können. So erreichten sie viel weniger als die deutschen U-Boote. Sie operierten hauptsächlich vor den Azoren und versenkten zwischen Januar 1941 bis September 1943 ungefähr 1 Million Tonnen. Das bedeutete einen Durchschnitt von 31 000 t für jedes der beteiligten 33 U-Boote. Zum Vergleich: Die 14 U-Boote vom Typ IXB, die in demselben Gebiet operierten, versenkten 40 Prozent mehr.

Nach der Verlegung der deutschen U-Boote nach Frankreich bildete Dönitz acht Flottillen, alle im Operationsgebiet West:

1. U-Boot-Flottille – Brest, ehemals in Kiel,
2. U-Boot-Flottille – la Rochelle, aus Wilhelmshaven,
3. U-Boot-Flottille – la Pallice, aus Kiel,
6. U-Boot-Flottille – St. Nazaire, aus Danzig,
7. U-Boot-Flottille – Brest/St. Nazaire, aus Kiel,
9. U-Boot-Flottille – Brest, neu gebildet,
10. U-Boot-Flottille – Lorient, neu gebildet,
12. U-Boot-Flottille – Bordeaux, neu gebildet.

Die 4. und 5. Flottille blieben in Deutschland, während die 11. und 13. in Norwegen stationiert waren. Wie bereits erwähnt, war der Typ VII ungeeignet für den Atlantik. Deshalb wurden die so genannten „Milchkühe", spezielle U-Boot-Tanker, gebaut. Diese U-Boote vom Typ XIV konnten 432 t Dieseltreibstoff und vier Ersatztorpedos zu den im Ozean stationierten U-Booten bringen. Zwischen 1941 und 1942 wurden nur zehn Stück davon gebaut. Da sie die besondere Aufmerksamkeit der U-Boot-Abwehrpatrouillen auf sich zogen, erlitten sie schnell Verluste. Der größere Typ IX hatte ausreichende Reichweite, konnte aber nur langsam tauchen, wodurch er in den westlichen Zufahrtswegen besonders verwundbar war. Er wurde deshalb weitab von den Hauptschifffahrtsstraßen eingesetzt, wo viele seiner Opfer ohne Eskorte waren.

Zwischen Juni und November 1940 erhöhten sich die britischen und neutralen Verluste durch U-Boot-Angriffe auf 1,6 Millionen Tonnen. Das war die Glanzzeit einer neuen Generation von Kommandanten. Männer wie Prien und Kretschmer versenkten jeder mehr als 200 000 t. Kapitänleutnant Otto Kretschmer war der führende Vertreter einer brillanten Taktik von Nachtangriffen an der Oberfläche. Er nutzte den Vorteil der niedrigen Silhouette und der relativ schnellen Dieselmotoren, um in die Konvois einzudringen, Torpedos abzufeuern und unerkannt zu fliehen. Es erforderte großen Mut, mit den großen Handelsschiffen Verstecken zu spielen, aber meistens verwirrte die Taktik den Konvoi. Erst der zunehmende Einsatz von Radargeräten konnte diesem Treiben Einhalt gebieten. Allerdings waren 1940 kaum Eskorten mit Radar ausgestattet, sie konnten lediglich das Gebiet mit Leuchtraketen ausleuchten.

DIE RUDEL VON DÖNITZ

Selbst diese Erfolge reichten Dönitz noch nicht. Er wusste, dass er nicht die Zeit hatte, eine neue Generation von U-Boot-Kommandanten auszubilden, die das Format von Kretschmer, Frauenheim, Schepke und den anderen hatten. Statt dessen setze er eine Idee durch, die Kommodore Bauer erstmals 1918 erprobt hatte: die Rudeltaktik. Theoretisch konnte eine Gruppe von 20 oder mehr U-Booten die Verteidigung eines Geleitzuges überwältigen. Dönitz wollte dies in sieben Schritten bewerkstelligen:

- Ein „Rudel" von U-Booten wird in einem weiten Bogen quer über den möglichen Kurs eines Konvois verteilt.
- Jedes U-Boot, das einen Konvoi sichtet, gibt dem U-Boot-Hauptquartier dessen Kurs, Geschwindigkeit und Zusammensetzung sowie die eigene Position an.
- Daraufhin verfolgt das U-Boot den Konvoi, ohne anzugreifen. Veränderungen in Kurs oder Geschwindigkeit sind weiterzugeben.
- Das U-Boot-Hauptquartier befiehlt dem Rest des Rudels, mit dem U-Boot Nr. 1 Kontakt aufzunehmen.

OBEN: Die USS *Archerfish*. Die 40-mm-Bofors-Kanone war die typische Flugabwehrwaffe der US-U-Boote.

- Wenn das Rudel seine Stellung eingenommen hat, wird der Geleitzug nach Eintritt der Dunkelheit koordiniert angegriffen.
- Bei Tagesanbruch stellt das Rudel seinen Angriff ein. Es hinterlässt einen Verfolger, um den Kontakt zu halten, während die anderen Boote ihre Batterien und Torpedos nachladen.
- Beim Einbruch der Dunkelheit greift das Rudel erneut an.

Der Reiz dieser Rudeltaktik lag in ihrer Einfachheit. So konnten die frisch ausgebildeten und verhältnismäßig unerfahrenen Kommandanten und Besatzungen am besten eingesetzt werden. Als das neue System zwischen Oktober 1940 und März 1941 schrittweise eingeführt wurde, konnte es zunächst verheerende Schäden unter den schlecht bewachten Konvois anrichten.

DIE TAKTIK DER ALLIIERTEN

Auf die Rudel konnte nicht verzichtet werden, weil die britischen und kanadischen Eskorten allmählich viele der „Asse" ausgeschaltet hatten. Im März 1941 erwischten die Eskorten Prien in der *U 47*, dann Schepke in der *U 100* und Kretschmer in der *U 99*. Sie wurden alle beim Angriff auf Konvois versenkt. Das war ein schwerer Schlag für die U-Boot-Waffe. Schließlich

„S"-KLASSE

Länge: 103,58 m
Durchmesser: 9,8 m
Antrieb: Dieselelektrische Motoren mit zwei Wellen
Geschwindigkeit: 14,5/5 Knoten (über/unter Wasser)
Bewaffnung: Vier 53-cm-Torpedorohre, eine 10,2-cm-Kanone
Besatzung: 38 Mann

OBEN: Die große „S"-Klasse war die letzte U-Boot-Reihe der US Navy im Ersten Weltkrieg.

hatten diese drei Kommandanten insgesamt 111 Schiffe mit mehr als 500 000 t versenkt. Sie und andere wurden die Opfer neuer Waffen und Taktiken. Es gab die neuen leichten Radarsysteme, Kurzwellenpeilung („Huff-Duff" genannt), verbesserte Wasserbomben, die ersten Akustiktorpedos und eine bessere Koordination mit den landgestützen Patrouillenflugzeugen.

Es gelang außerdem, den dichten Funkverkehr zwischen dem U-Boot-Hauptquartier und den einzelnen Booten auf See abzuhören. Britische Kryptographen in Bletchley Park arbeiteten an der Entschlüsselung des deutschen Enigma-Chiffriersystems. Unter dem Codenamen „Ultra" wurden die Informationen an die wichtigsten Hauptquartiere weitergegeben, in diesem Fall an das U-Boot-Lagezimmer der Admiralität in London. Der erste große Durchbruch kam im Mai 1941. Das Lagezimmer konnte Sendezeichen einzelner U-Boote identifizieren und die Eskorten benachrichtigen. Obwohl es regelmäßige „Löcher" gab, wenn der Code gewechselt wurde, verbesserte sich die Qualität der „Ultra"-Informationen im Laufe der Schlacht auf dem Atlantik immer mehr. Auf See, wo die Codes nicht geknackt werden konnten, befähigte die Kurzwellenpeilung die Eskorten wenigstens, die Quelle der Funkübertragung bis auf eine Viertelmeile genau zu orten.

Die sicherste Methode gegen Verfolger war der Einsatz einer Flugzeugpatrouille am Ende des Konvois. War das U-Boot gezwungen abzutauchen, konnte es keine Berichte übermitteln. Bis Ende 1941 standen jedoch weder Flugzeuge noch Flugzeugträger für das „schwarze Loch" im Atlantik zur Verfügung. In der Mitte des Jahres begann die britische Admiralität, ein kleines Handelsschiff in einen Geleitträger mit einem hölzernen Flugdeck umzubauen. Als die USA im Dezember 1941 in den Krieg eintraten, konnten sie mit ihren enormen finanziellen Mitteln viele dieser Träger bauen.

DER SCHNORCHEL

Um die unerträglichen Verluste durch das Radar zu reduzieren, griffen die deutschen U-Boot-Konstrukteure auf den Schnorchel zurück, den sie 1940 in erbeuteten holländischen U-Booten gefunden hatten. Dieser Luftmast diente ursprünglich zur Belüftung, schien aber auch eine Möglichkeit zu bieten, das U-Boot unter Wasser aufladen zu können. Die Dieselgeneratoren konnten bei voller Leistung laufen, während ein Druckausgleichventil am Mastkopf das Überfluten des Bootes verhinderte. Kleinere Mengen Wasser wurden abgelassen. Bei schlechtem Wetter kam es aufgrund des ständig wechselnden Luftdrucks bei der Besatzung zu extremem Unwohlsein. Die Alternative war jedoch die Vernichtung.

In der Praxis schadete der Schnorchel der Moral, viele unerfahrene U-Boot-Kommandanten zögerten lange Zeit, ihn zu benutzen. Trotz Radarwarnempfängern waren die Radarsysteme der Alliierten den deutschen Wissenschaftlern stets um einen Schritt voraus. Gummiüberzüge wurden benutzt, um die Schallenergie zu absorbieren, und der Pillenwerfer (Gasblasentäuschkörper) wurde eingeführt. Er funktionierte wie eine riesige Brausetablette, indem er flache Blasen im Wasser erzeugte. Allerdings verwechselten erfahrene Echolotbediener die Blasen selten mit einem echten Ziel.

ERFOLGE DER ACHSENMÄCHTE

Im Mittelmeer konnten die Italiener 1940/41 die Kreuzer HMS *Bonaventure,* HMS *Calypso* und HMS *Coventry* torpedieren, aber ihre eigentliche Stärke lag im Bereich der Sonderoperationen. Die *Maiale* (dt. Schweine) waren als „bemannte Torpedos" bekannt.

Eigentlich handelte es sich jedoch um Kampfschwimmer-Begleitboote. In Zylindern, die an die Decks herkömmlicher U-Boote angeschweißt waren, wurden sie in das Operationsgebiet gebracht. Dort durchbrachen sie im Dezember 1941 die Verteidigung von Alexandria. Die Schwimmer brachten Sprengstoffladungen unter den Schlachtschiffen HMS *Queen Elizabeth* und HMS *Valiant* an. Leider brachte die Tapferkeit der Italiener nicht den gewünschten Erfolg. Die britischen Schiffe sanken in den Morast des Hafenbeckens, und durch Luftaufklärung wurde festgestellt, dass sie nicht kampfunfähig waren. Eine noch wagemutigere Operation unternahmen die Maiale im neutralen spanischen Hafen Algeciras. Zwei Männer in einem speziell umgebauten Unterwasserbehältnis führten mehrere Angriffe auf britische Schiffe im Hafen von Gibraltar durch.

Die britischen U-Boote waren sehr aktiv und operierten von ihrem vorgeschobenen Stützpunkt in Malta aus sowie von Beirut und Alexandria. Als die deutschen und italienischen Luftangriffe den Hafen von Malta praktisch unhaltbar machten, beförderten U-Boote Ersatzteile und Munition. Tagsüber ruhten sie am Grund des Hafens, um den Bomben aus dem Weg zu gehen. Nachdem die Belagerung von Malta im August 1942 aufgehoben wurde, wurde die U-Boot-Flottille wieder auf ihre alte Stärke gebracht, um die Konvois zwischen Italien und Nordafrika zu stören. 1941 erteilte Hitler Dönitz den Befehl, ein Dutzend U-Boote in das Mittelmeer zu schicken, um die Italiener zu entlasten. Dönitz prophezeite, dass seine kostbaren Boote nicht zurückkehren würden, leider hatte er recht. Sie machten sich schnell einen Namen, indem sie den berühmten Flugzeugträger HMS *Ark Royal* und das alte Schlachtschiff HMS *Barham* im November 1941 torpedierten. 1942 folgte der Flugzeugträger HMS *Eagle*.

Als die USA in den Krieg eintraten, glaubten viele, dass die deutschen U-Boote bald größere Verluste erleiden würden. Leider reagierte die US Navy nicht auf die britischen Empfehlungen, sodass die deutschen U-Boote sechs Monate lang eine „ruhige Zeit" an der Ostküste genossen. Leuchtfeuer brannten an der Küste, und unbegleitete Schiffe wurden ungestraft versenkt, während dieselben „Jagdgruppen", die sich schon 1916 und 1917 als nutzlos erwiesen hatten, ziellos von einem versenkten Schiff zum nächsten fuhren.

Die US-Werften bauten die Handelsschiffe allerdings schneller, als die deutschen U-Boote sie versenken konnten. Gleichzeitig bauten sie Hunderte von Geleitschiffen. Ende 1942 schien man die U-Boote in den Griff gekriegt zu haben, aber im Laufe des Jahres hatten sie 65 Millionen Tonnen versenkt, und im Dezember waren immer noch 212 U-Boote auf See.

UNTEN: USS *Harder* vor der Marinewerft Mare Island, Kalifornien, im Februar 1944. Anders als ihre Schwesterschiffe der „Gato"-Klasse ist ihre Decksbewaffnung recht dürftig.

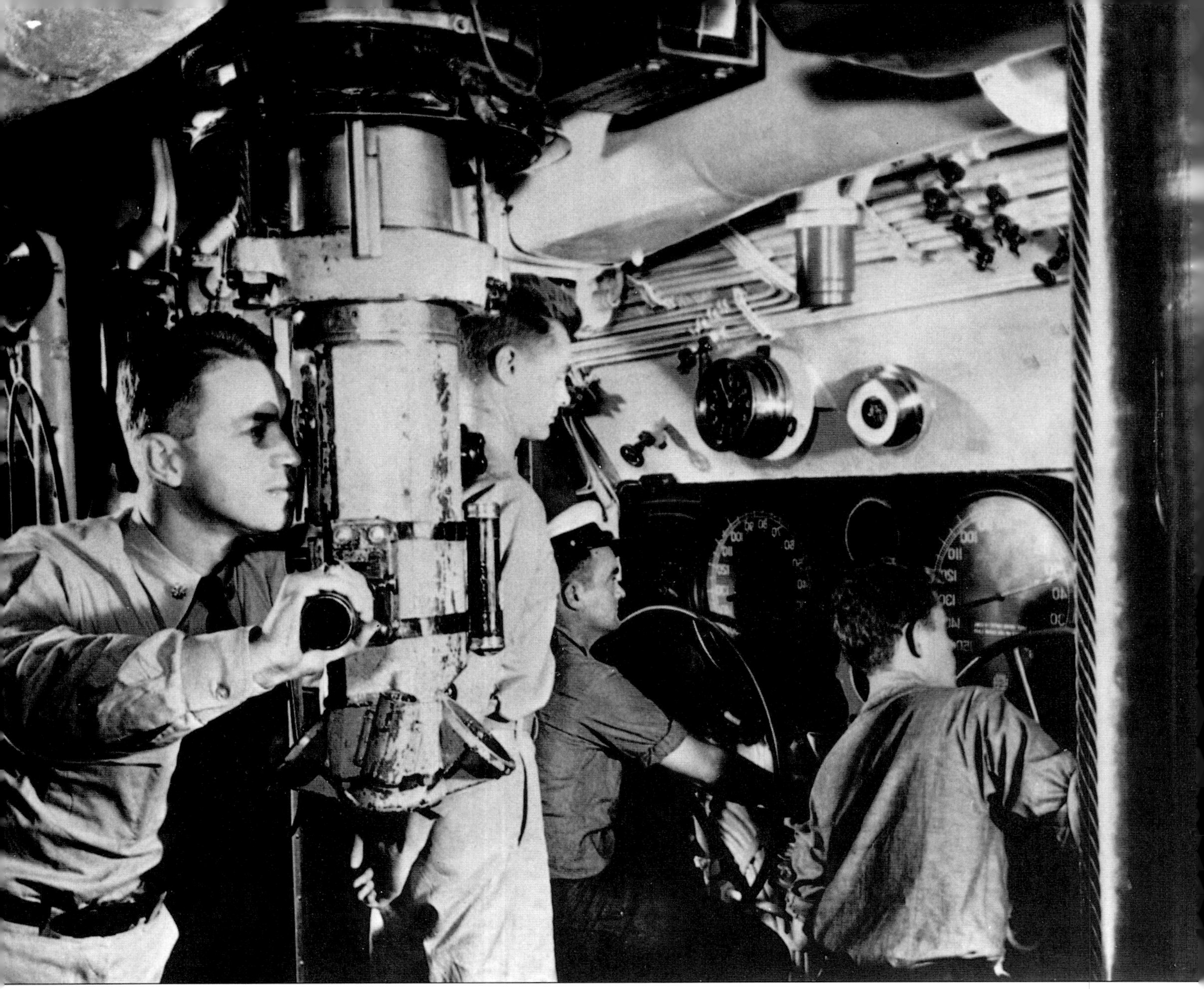

Oben: Ein Offizier am Periskop während der Ausbildung im U-Boot-Stützpunkt New London, Connecticut.

Die „Schlacht auf dem Atlantik" hätte im Herbst 1942 ihren Höhepunkt finden können, aber die Geleitträger und Unterstützungstruppen wurden nach Nordafrika abgezogen. Dönitz bemerkte dies sofort, konnte aber aufgrund der harten winterlichen Bedingungen keinen Nutzen daraus ziehen. Im März 1943 schlugen die deutschen U-Boote mit neuer Kraft zu. In der ersten Schlacht versuchten zwei U-Boot-Gruppen, dem Konvoi SC-121 eine Falle zu stellen. In fünf Tagen wurden 13 Schiffe versenkt. Die restlichen Schiffe entkamen durch eine Lücke in der Linie.

Etwas später konnte Dönitz 40 U-Boote gegen die Konvois SC-122 und HX-229 sammeln. In den ersten acht Stunden wurden 12 Schiffe torpediert. Die *U 338* brachte es fertig, mit fünf Torpedos vier Schiffe zu versenken. Ungefähr 140 000 t gingen verloren, auf der anderen Seite nur ein U-Boot. In den ersten 20 Märztagen wurde eine halbe Million Tonnen versenkt. Die Admiralität zog ernsthaft in Betracht, die Konvois aufzugeben. Dönitz schien mit seiner Prahlerei Recht zu behalten, dass die deutschen U-Boote allein den Krieg gewinnen würden.

Aber die Hilfe war schon auf dem Weg. Die Geleittruppen, von der afrikanischen Invasion entbunden, wurden in den Atlantik geschickt. Bletchley Park schaffte es gerade noch rechtzeitig, den letzten U-Boot-Code zu knacken. Im März 1943 wurden 15 deutsche U-Boote versenkt, im April schon 16. Im Mai waren es sogar 41. Dönitz musste etwas später die Niederlage einräumen, als er eine Umstrukturierung und Neuausstattung ankündigte. Die deutschen U-Boote blieben zwar bis zum Schluss gefährlich, aber sie gewannen nie wieder die Oberhand. Als 1944 neue Konstruktionen in der Entwicklung waren, sorgten Produktionsprobleme dafür, dass bis zur Kapitulation nur drei der vielgepriesenen Elektro-U-Boote vom Typ XXI eingesetzt werden konnten. Dr. Walter hatte sogar noch weiterreichende

Pläne: Er wollte den Brennstoff Perhydrol benutzen, der seinen eigenen Sauerstoff produzierte. Damit sollte ein außenluftunabhängiger Antrieb gewährleistet werden. Das System war unzuverlässig, da Perhydrol höchst gefährlich war. Es konnte sich spontan entzünden sowie Kleidung, Fleisch und Metall zersetzen. Trotz dieser Nachteile ging der Typ XVIIB in die Produktion. Bis zum Ende des Krieges waren sogar ein paar Prototypen fertiggestellt.

US-U-BOOTE IM PAZIFIK

Nach Pearl Harbor waren die U-Boote der US-Pazifikflotte auf einmal an vorderster Front. Abgesehen von drei Flugzeugträgern, die der Katastrophe entkommen konnten, hatte Admiral Chester W. Nimitz kaum Mittel gegen die Kaiserliche Japanische Marine. Die alten U-Boote der „S"-Klasse bei den Philippinen waren nicht pazifiktauglich. Die neueste „Gato"-Klasse hingegen, ein gewaltiges Langstreckenboot mit einer schweren Bewaffnung aus sechs Bugrohren, vier Heckrohren und einer 12,7-cm-Deckskanone, war gut für den Pazifik geeignet. Nach den ersten Einsätzen waren nur geringfügige Änderungen erforderlich. Die Nachfolgemodelle der „Balao"- und „Tench"-Klassen waren im Prinzip identisch, konnten aber aufgrund ihres stärkeren Druckkörpers tiefer tauchen.

US-U-Boote führten im Pazifik zahlreiche Einsätze gegen Flugzeugträger sowie Tanker, andere Kriegsschiffe und Handelsschiffe. Sie berichteten über Bewegungen japanischer Schiffe, legten Minen, retteten abgeschossene Flugzeugbesatzungen und erkundeten Landungsmöglichkeiten für Invasionen. Leider erlitten sie anfangs schwere Rückschläge. Wie bei den deutschen U-Booten 1940 waren auch hier die Abzugszünder der Torpedos fehlerhaft. Es dauerte lange, bis die Konstrukteure den Fehler zugaben. So ging das Vertrauen der U-Boot-Besatzungen in ihre Ausrüstung verloren. Die japanische U-Jagd war allerdings wenig effektiv, denn die japanische Marine glaubte, dass es weniger „ehrenhaft" sei, Handelsschiffe zu beschützen als Kriegsschiffe anzugreifen. Ihre größten Erfolge erzielten die japanischen U-Boote bei den Kämpfen um die Salomonen. Der Träger USS *Saratoga* wurde am 31. August 1942 schwer beschädigt, und drei Wochen später wurde die USS *Wasp* versenkt. Das Schlachtschiff USS *North Carolina* wurde am selben Tag, dem 15. September, versenkt, wodurch die schweren Einheiten auf einen einzelnen Träger und ein Schlachtschiff reduziert waren.

Die US Navy machte sich keine Illusionen. Nach Pearl Harbor war Japans Handelsmarine durch die eroberten Schiffe um 800 000 t auf 6 Millionen t angewachsen. Das reichte zwar kaum, um die Bedürfnisse des neuen wachsenden Seeimperiums zu befriedigen, aber die Marine betrachtete es als Fass ohne Boden, aus dem man immer wieder Ersatz schöpfen konnte. Eine Million Tonnen, die 1942 verloren wurden, wurden nicht ersetzt. Erst im August 1943, als die Verluste auf 2 Millionen Tonnen gestiegen waren, klingelten die Alarmglocken in Tokio. Die amerikanischen U-Boot-Kommandanten hatten ihre Prioritäten: Träger, Tanker und Handelsschiffe, und zwar in dieser Reihenfolge.

Als die U-Boote der Pazifikflotte zunehmend mit Radar ausgerüstet wurden, stieg auch ihre Leistungsfähigkeit. Ein U-Boot konnte seine Beute an der Oberfläche verfolgen, einen Torpedo abfeuern und dann schnell fliehen, bevor die Geleitschiffe reagieren konnten. Einige waghalsige U-Boot-Kommandanten perfektionierten den so genannten „Direktschuss auf anlaufenden Gegner", eine besonders gefährliche Art, die Geleitschiffe anzugreifen. Der U-Boot-Kommandant ließ ein Geleitschiff seinen Wasserbombeneinsatz starten und zerstörte dann das Schiff aus nächster Nähe mit einer vollen Salve von sechs Torpedos.

Hätten die Deutschen die alliierten Geleitschiffe mit derartiger Verachtung behandelt, wäre der Zweite Weltkrieg anders geendet. Die amerikanischen U-Boote hatten ihre eigene Rudeltaktik. Sie jagten in Dreiergruppen, die nach ihren Vorgesetzten benannt waren: „Ben's Busters", „Donk's Devils", „Ed's Eradicators", „Laughlin's Loopers" usw. Einige U-Boote wie die USS *Barb,* die USS *Rasher* und die USS *Silversides* schafften jeweils mehr als 90 000 t, während die USS *Tang* sogar 100 231 t versenkte. Der Preis dafür war jedoch hoch. 59 U-Boote sanken aus den verschiedensten Gründen, manche liefen sogar auf Grund. Die Japaner erzählten amerikanischen Vernehmungsbeamten nach dem Krieg, dass sie 486 U-Boote der US Navy versenkt hätten! Diese Diskrepanz kann nicht nur auf einer Fehleinschätzung beruhen.

DAS ZERBRECHLICHE JAPANISCHE KAISERREICH

Japan importierte 20 % seiner Nahrung, 24 % seiner Kohle, 88 % seines Eisenerzes und 90 % seines Öls und war dadurch besonders verwundbar. Ende 1943 näherte sich die Verlustmarke 3 Millionen Tonnen, von denen der Großteil durch U-Boote versenkt worden war. Diese Katastrophe setzte sich 1944 fort. Als die Japaner mehr und mehr dazu gezwungen waren, ihre Fracht mit kleinen Dschunken und Küstenschiffen zu transportieren, hatten die großen amerikanischen U-Boote kaum noch Ziele. Um den Japanern den Zugang zu den Küstengewässern zu verwehren, richteten die Royal Navy und die Königliche Niederländische Marine drei Flottillen im Fernen Osten ein. Die kleinen holländi-

schen und britischen U-Boote konnten innerhalb der Zehn-Faden-Linie (28 m) operieren. Bald machten sie sich denn auch bemerkbar. Neben kleineren Handelsschiffen versenkten sie auch die Kreuzer *Ashigara* und *Kuma*.

Die US-U-Boote feierten immer größere Erfolge: Die USS *Albacore* versenkte während der Schlacht in der Philippinischen See im Juni 1944 den neuen Flugzeugträger *Taiho*, und im November 1944 gelang es der USS *Archerfish* in der Inlandsee, das riesige zum Flugzeugträger umgebaute ehemalige Schlachtschiff *Shinano* zu versenken. Ihre entscheidende Rolle bei der Aufklärung zeigte sich am besten am Vorabend der Seeschlacht um den Leyte-Golf im Oktober 1944. Die USS *Darter* und die USS *Drum* lockten eine schwere Kreuzerstaffel in den Hinterhalt. Hierbei versenkten sie die *Atago* und die *Maya* und beschädigten die *Takao*.

Allmählich schien die riesige japanische U-Boot-Flotte ihre Führung zu verlieren. Am 19. Mai 1944 bekämpfte der Geleitzerstörer USS *England* aufgrund von abgefangenen japanischen Befehlen eine Patrouille bei den Salomonen. Im Nordwesten der Insel Choiseul versenkte die USS *England* die *I 16*. Drei Tage später versenkte sie bei Kavieng in New Ireland die *RO 106*, gefolgt von der *RO 104* am 23. Mai, der *RO 116* am 24. Mai, der *RO 108* am 26. Mai und schließlich der *RO 105* am 31. Mai. Die japanische Marine verzweifelte. Sie begann, ihre U-Boote für hoffnungslose Angriffe auf Invasionsflotten zu opfern und Vorräte und Munition in entfernte Standorte zu bringen. Dafür wurde ein spezielles Nachschub-U-Boot der „I 361"-Klasse entwickelt. Dieses U-Boot konnte 82 t Fracht transportieren und hatte eine Überwasserfahrstrecke von 27 780 km. Das Heer baute sogar eigene Nachschub-U-Boote. Eine Anzahl von Marine-Booten wurde umgebaut, um Klein-U-Boote vom Typ „Kaiten" zu transportieren. Das ehrgeizigste Projekt war die riesige „I 400"-Klasse, die 1942 bestellt wurde. Es handelte sich um die größten bis dahin gebauten U-Boote. Sie waren 189 m lang und mit vier kleinen Schwimmerflugzeugbombern bestückt, von denen eines in Einzelteilen mitgeführt wurde. Das Modell „I 14" war etwas kleiner und hatte zwei Schwimmerflugzeuge. Es wurde ursprünglich für einen Bombenangriff auf den Panamakanal gebaut.

OBEN: Die USS *Argonaut*, das zweite U-Boot mit diesem Namen, im April 1945. Sie besaß eine kurze 12,7-mm-Kanone hinter dem Turm sowie eine Bofors-40-mm-Kanone und zwei 20-mm-Zwillingskanonen achtern.

Das Ende des Krieges im August 1945 war gleichzeitig das Ende des erfolgreichsten U-Boot-Feldzugs der Geschichte. Nur 231 von ehemals 2337 im Lloyds-Register eingetragenen japanischen Handelsschiffen überstanden den Krieg. 190 U-Boote wurden bis zum August 1945 in Japan ausgeliefert, aber nur 55 wurden übergeben. Das ist eine Verlustrate von mehr als 70 %, ein hoher Preis für so wenig Erfolg.

KLEIN-U-BOOTE

Obwohl die Italiener im Ersten Weltkrieg die Pioniere auf dem Gebiet der Klein-U-Boote waren, leisteten die Japaner zwischen den Weltkriegen die meiste Arbeit. Sie wollten sie für Angriffe auf verteidigte Häfen einsetzen. Der Versuch, zusammen mit den Trägerflugzeugen nach Pearl Harbor einzudringen, war ein kläglicher Fehlschlag. Vier Boote wurden versenkt. Der Angriff auf den Hafen von Sydney im Mai 1942 war genauso erfolglos. Immerhin versenkte ein Torpedo, der eigentlich für den schweren Kreuzer USS *Chicago* gedacht war, eine Fähre. Ein fast zur gleichen Zeit stattfindender Angriff auf britische Invasionskräfte in Diego Suarez, Madagaskar, hatte mehr Erfolg. Zwei Klein-U-Boote beschädigten dort das Schlachtschiff HMS *Ramillies* und einen Tanker. Das Schwimmerflugzeug der *I 10* hatte den Ankerplatz einen Tag zuvor erkundet.

Als die Niederlage unausweichlich schien, wurde eine große Zahl der Typen „Kairyu" und „Kaiten" produziert. Die *Kaiten* war ein 60-cm-Torpedorumpf „Long Lance" vom Typ 93, der von einem Soldaten gesteuert wurde. Die *Kairyu* hingegen führte konventionelle Torpedos mit sich, die unter dem Schiffskörper befestigt waren. Obwohl sie zu Hunderten gebaut wurden, erzielten sie kaum Erfolge.

Die Italiener griffen ebenfalls wieder auf Kleinst-U-Boote zurück. Am bekanntesten blieben allerdings die *Maiale*. Die Royal Navy versuchte, mit dem „Chariot" ein gleichwertiges U-Boot zu bauen. Ironischerweise erzielten sie ihre größten Erfolge in italienischen Händen, als sie benutzt wurden, um ehemalige italienische Kriegsschiffe unter deutscher Kontrolle anzugreifen. Die Briten bauten auch die Typen X und Welman. Statt Torpedos führten der von einer vierköpfigen Besatzung bediente X-Typ und sein Gegenstück im Fernen Osten, der klimatisierte Typ XE, ein Paar 2-t-Sprengladungen in den Satteltanks mit. Sie wurden im September 1943 mit großem Erfolg in einem norwegischen Fjord gegen das Schlachtschiff *Tirpitz* eingesetzt. Zwei XE setzten im Juli 1945 in Singapur den schweren Kreuzer *Takao* außer Gefecht.

Wie die Japaner produzierten die Deutschen ebenfalls eine große Anzahl kleiner Kampfmittel im verzweifelten Versuch, eine Invasion abzuwenden. Die kleinen Boote mit den Namen *Neger, Marder, Biber, Molch* und *Seehund* wurden erstmals bei den Landungen in Anzio 1944 eingesetzt und erzielten ein paar Erfolge an den Stränden der Normandie. Gegen Ende 1944 wurden sie außerdem gegen alliierte Schiffe in der Scheldemündung eingesetzt. Am erfolgreichsten war die *Seehund*. Sie versenkte einen Geleitzerstörer der Freien Französischen Marine und sogar noch im Februar 1945 ein britisches Panzerlandungsschiff in der Themsemündung.

UNTEN: Die USS *Peto* aus der „Gato"-Klasse. Die Öffnungen in den Flanken dienen zum schnellen Fluten und Lüften sowie zum Ablassen von Wasser aus dem Gehäuse.

KAPITEL 4

Der Kalte Krieg in der Tiefe

Unter Stalin baute die sowjetische Marine eine mächtige Flotte von konventionellen und Atom-U-Booten, sodass Europa Gefahr lief, von den US-Verstärkungskräften abgeschnitten zu werden. Die Entwicklung ging auf beiden Seiten schnell voran und gipfelte in den gewaltigen Atom-U-Booten mit nuklearen Langstreckenflugkörpern.

Nach dem Kriegsende kamen amerikanische, britische und russische U-Boot-Experten in die deutschen Werften, um auch das kleinste Detail der deutschen Entwicklungen zu untersuchen. Besonders interessiert waren sie am Typ XXI und an dem weiterentwickelten Perhydrol-Typ XVII. Die Amerikaner und Briten hoben zwei gesunkene Typen XVIIB und stellten sie zu Testzwecken wieder in den Dienst, während die Russen eine Reihe von Druckkörpern mitnahmen.

LINKS: Das Angriffs-U-Boot USS *City of Corpus Christi* aus der „Los-Angeles"-Klasse in mäßiger Fahrt. Die modernen U-Boote sind auf optimale Unterwasserleistung ausgelegt.

Es war wie damals, 1918, als die Sieger sich beinahe um die Anteile an der Beute gestritten hätten. Am Ende erhielten die Amerikaner und die Briten den Löwenanteil, weil die wichtigsten Werften und Fabriken im Westen lagen. Alles in allem wurden fast 40 U-Boote von verschiedenen Marinen übernommen, einige zu Erprobungen, andere als Teil der Nachkriegsflotte.

Die Walter-Turbine war zwar interessant, aber unzuverlässig und bot nur eine beschränkte Reichweite bei hohen Kosten. Nur die Royal Navy baute Perhydrol-Boote, um das System funktionstüchtig zu machen. Für eine Weile hielten die zwei Testboote, die HMS *Excalibur* und die HMS *Explorer*, mit 27 Knoten den Ge-

Oben: Die USS *Seawolf* war der zweite SN-Prototyp der US Navy und verfügte über den natriumgekühlten Reaktor SG2. Später erhielt sie einen Druckwasserreaktor vom Typ S2Wa.

schwindigkeitsrekord unter Wasser. Der Typ XXI hingegen war für die Forschung nützlicher, obwohl der Einfluss der Konstruktion von vielen Historikern und Analytikern übertrieben wurde. Der Druckkörper war noch nicht im Becken getestet worden und erwies sich im Betrieb als instabil, die innere Anordnung des Geräts war alles andere als ideal. Außerdem hatte die Konstruktion selbst einige Schwachstellen. Die russische Marine baute ein paar Schiffe, die dem Typ XXI sehr ähnelten, während die Royal Navy und US Navy die besten Eigenschaften in ihre eigenen Entwürfe einarbeiteten. So wurden die leistungsfähigen Batterien und die mechanische Ladeanlage für Torpedorohre auf der ganzen Welt zum Standard.

DAS GUPPY-PROGRAMM

1946 begann die US Navy mit ihrem Leistungssteigerungsprogramm „Greater Underwater Propulsive Power Programme Yet“ (GUPPY), bei dem die U-Boote der „Gato“-, „Balao“- und „Tench“-Klassen verbessert wurden. Die wesentlichen Elemente von GUPPY waren u.a. die stromlinienförmigere Gestaltung des Schiffskörpers und die Erhöhung der Schubkraft unter Wasser. Die Prototypen *Odax* und *Pomodon* waren eigentlich als schnelle Ziele für die Ausbildung der Überwasser-U-Jagdkräfte gedacht, die mit den erwarteten Fortschritten der sowjetischen U-Boote mithalten sollten. Der Kommandoturm wurde durch einen stromlinienförmigen Turmaufbau mit Schnorchelmast und Periskop ersetzt. Der charakteristische Auftriebsbug, der die Leistung an der Oberfläche verbessern sollte, wurde durch einen runden Bug ersetzt. Jedes Teil der Ausrüstung, das den Wasserwiderstand erhöhte, wurde entweder entfernt oder einziehbar konstruiert. Es war auch nicht leicht, im Innenraum noch mehr Platz für Batterien zu finden, weil diese U-Boote alles andere als geräumig waren. So wurde der Hilfsdieselgenerator aus dem hinteren Maschinenraum entfernt und nahm den Platz des Magazins der nun überflüssigen Deckkanone ein.

Bei den Batterien war noch viel Arbeit zu leisten, um die erforderliche höhere Leistung zu erreichen. Man baute eine kleinere Batteriezelle mit einer kürzeren Lebensdauer von 18 Monaten und konnte statt zwei nun vier Hauptbatterien mit je 126 Zellen einbauen. Das gab neue Probleme, denn die Hochleistungsbatterien erzeugten mehr Wasserstoff und Hitze, was die Feuer- und Explosionsgefahr erhöhte. Nach Experimenten mit einem geschlossenen Zellensystem kehrte die US Navy zu einem wassergekühlten, offenen Zellensystem zurück. Dafür musste die Leistung der Klimaanlage um 300 % erhöht werden.

Abgesehen von kleinen Kinderkrankheiten erwies sich GUPPY I als erfolgreich. Gleichzeitig lief in der Marinewerft in Portsmouth, New Hampshire, ein Pro-

„ECHO II“

Länge: 115 m
Durchmesser: 9 m
Antrieb: Atomreaktor mit zwei Wellen
Geschwindigkeit: 20/23 Knoten (über/unter Wasser)
Bewaffnung: Acht Marschflugkörper P-5, acht Torpedorohre
Besatzung: 90 Mann

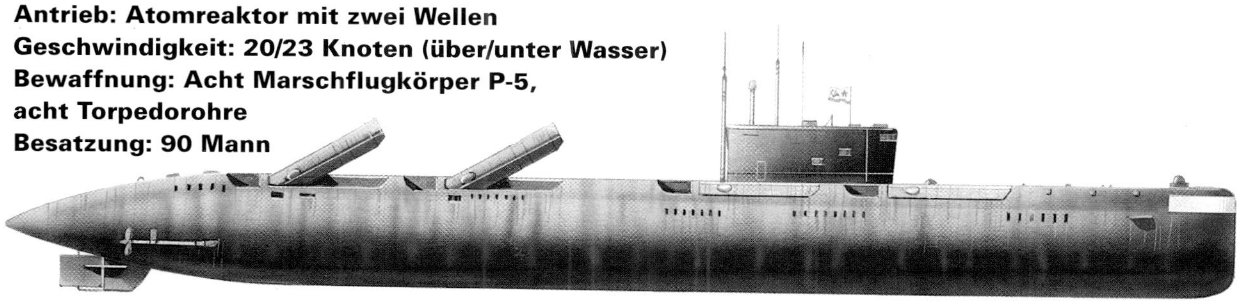

OBEN: Die 29 Atom-U-Boote des Projekts SSGN der 60er Jahre sollten Städte in den Vereinigten Staaten angreifen. Der P-5 konnte nicht gegen Schiffe eingesetzt werden.

jekt zur Verbesserung des Schnorchels, denn die Abgase erzeugten unter Wasser mehr Gegendruck, als der Diesel verkraften konnte. Die amerikanischen Zweitakt-Dieselmotoren litten jedes Mal an Druckveränderungen, wenn das Schwimmerventil geschlossen wurde, was sich bei den deutschen Viertaktern kaum bemerkbar machte. Bei den Dieselmotoren von Fairbanks Morse und General Motors wurden deshalb einige Teile umgebaut. Die endgültige Lösung war der Austausch des einfachen Schwimmerventils gegen ein pneumatisches Schnorchelkopfventil, das schnell und exakt reagierte. Das Öffnen und Schließen wurde von drei Elektroden am Schnorchelkopf kontrolliert. Wenn eine Welle über den Kopf kam, schloss sich ein Stromkreis, der das Ventil pneumatisch schloss.

Der Abgasmast konnte mit dem Zuluftmast ausgefahren werden und fuhr 4 bis 8 Fuß unter der Oberfläche. Der Abgaskanal hatte Luftleitbleche, damit möglichst wenig Rauch und Abgase an die Oberfläche gelangten. Bei der USS *Irex* wurde 1947 ein Mast ausprobiert, der dem des XXI ähnelte. Er blies jedoch einen gut sichtbaren Sprühnebel aus. Da die U-Boote der US Navy größer waren als die deutschen Typen, benötigten sie einen größeren Schnorchelkopf sowie Mast für die Luftzufuhr. Außerdem musste der Kopf wegen des Sprühnebels überarbeitet werden. Drei Schnorcheltypen wurden entwickelt: der ursprüngliche GUPPY I, ein einfacherer für die nicht modernisierten Flotten-U-Boote und ein hochentwickelter für schnelle Angriffe. Sogar Atom-U-Boote benötigen Schnorchel, zum einen für das dieselelektrische Hilfssystem, und zum anderen ist es die schnellste Möglichkeit, den Innenraum von den ver-

Unten: Mit dem Projekt 667A „Yankee“ wurden erstmals die Flugkörper SS-N-6 „Sawfly“ in vertikalen Rohren hinter dem Turmaufbau untergebracht.

„YANKEE“

Länge: 130 m
Durchmesser: 12 m
Antrieb: Atomreaktor mit zwei Wellen
Geschwindigkeit: 27 Knoten (über/unter Wasser)
Bewaffnung: 16 ballistische Flugkörper D-5, vier 53-cm-Torpedorohre, zwei 40,6-cm-Torpedorohre
Besatzung: 120 Mann

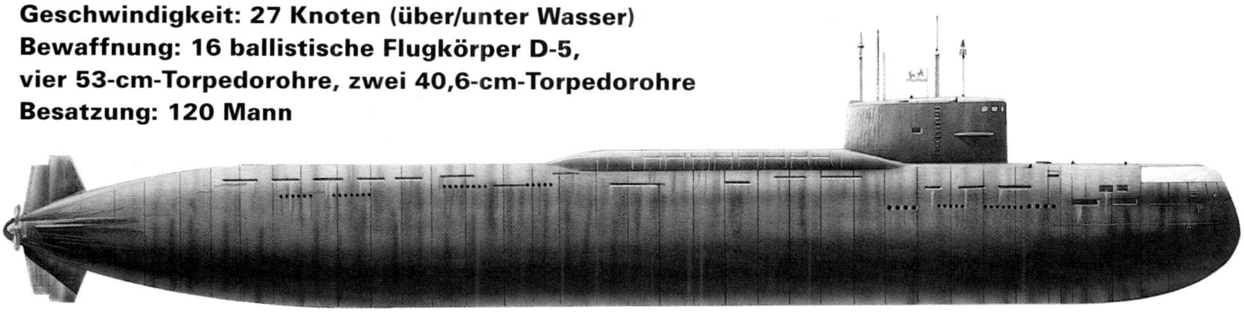

Links: **Ein sowjetisches Atom-U-Boot der „Echo-II"-Klasse mit nuklearer Bewaffnung in der Ägäis.**

schiedenen Verunreinigungen zu säubern, die das Luftreinigungssystem nicht absorbieren kann.

Nach dem Erfolg der *Odax* und der *Pomodon* wurden weitere 22 U-Boote der „Balao"-Klasse umgebaut. Nach weiteren Verbesserungen wurden alle 24 als Typ GUPPY II klassifiziert. 1950 wurde der einfachere und billigere Umbau GUPPY IA für zehn weitere „Balao" genehmigt. Die Maßnahme GUPPY IIA bei 16 U-Booten umfasste ebenfalls die stromlinienförmige Form, ersetzte aber zwei der vorderen Maschinen durch eine größere Sonaranlage.

Das GUPPY-Konzept wurde auch von anderen Marinen übernommen. Die Royal Navy baute ihre „A"- und „T"-Klassen in ähnlicher Weise um. Der Druckkörper wurde verlängert, um mehr Batterien unterzubringen. Auch der Schnorchel, eine Kopie des deutschen Faltschnorchels, wurde eingeführt und bekam den Spitznamen „snort". Erst nach dem katastrophalen Verlust der HMS *Affray* 1951 durch den Bruch des Schnorchelmasten übernahm die Royal Navy den Teleskopschnorchel der US Navy, der im Turmaufbau untergebracht war.

Neben dem GUPPY-Programm experimentierte die US Navy auch mit neuen Einsatzmöglichkeiten für die Flotten-U-Boote. Mit großen Radarantennen auf dem Deck fuhren die *Requin* und die *Spinax* 1946 auf See. Ihre Aufgabe war es, feindliche Flugzeuge zu entdecken und Abfangjäger zu dirigieren. Diese beiden Umbauten wie auch die *Tigrone* und die *Burrfish* waren bei den Bedienern nicht sehr beliebt, weil die Stromkreise ständig überflutet waren. Die Untersuchung dieser Probleme erhielt denn auch den Codenamen „Operation Migräne". Trotz schwerwiegender Wartungsprobleme wurden sechs weitere „Gatos" umgebaut. Sogar drei

Unten: **Die USS *Skipjack* (SSN-585) war das erste einer revolutionären Klasse von Atom-U-Booten mit dem Albacore-Rumpf.**

OBEN: Die USS *Queenfish* zählte zu einer neuen Klasse von Atom-U-Booten, die auf leisen Lauf und große Tauchtiefe ausgelegt waren.

atomgetriebene Gegenstücke wurden gebaut, bevor die Idee aufgegeben wurde.

U-BOOT-GESTÜTZTE FLUGKÖRPER

Der deutsche Plan, tauchbare Flöße über den Atlantik zu schleppen, um von dort aus die amerikanische Küste mit V-2-Raketen zu bombardieren, war zwar gescheitert, aber die US Navy war dennoch entschlossen, die furchteinflößenden Langstreckenflugkörper mit U-Booten zu kombinieren. 1947 wurde zum ersten Mal von einem U-Boot ein Boden-Boden-Marschflugkörper abgeschossen, die KUW-1 Loon, später in LTV-N-2 umbenannt. Diese Weiterentwicklung der V-1 wurde in einem großen wasserdichten Behälter auf Deck mitgeführt und von einer faltbaren Rampe aus mit einer Startrakete abgeschossen. Sie wurde auf Deck montiert und dann mit Hilfe von Funkkommandos, entweder vom Mutter-U-Boot oder einem anderen Boot „gesteuert". Der Höhepunkt des Programms war 1946 der Umbau zweier U-Boote der „Gato"-Klasse, der *Carbonero* und der *Cusk*. Der erste Abschuss erfolgte von der *Cusk* aus bei Point Mugu an der kalifornischen Küste. Noch beeindruckender war ein Schießversuch von 1950. Die *Cusk* feuerte ihren Loon ab, tauchte und verfolgte den Flugkörper mit einem Lenkgerät AN/BPQ-2 über die Entfernung von 195 km.

Das war die Geburtsstunde des U-Boot-gestützten Marschflugkörpers. Ein verbesserter Loon, der N-8A Regulus startete 1950. Das erste mit Regulus bewaffnete U-Boot, die USS *Tunny*, wurde 1953 in den Dienst gestellt. Sie und die *Barbero* konnten zwei Flugkörper in ihrem Deckhangar unterbringen. Der Regulus war eine strategische Waffe. Die fünf U-Boote mit diesem System wurden in der Pazifikflotte eingesetzt, um Bedrohungen durch die Volksrepublik China abzuwehren. Ein verbesserter Regulus II wurde 1958 von der USS *Grayback* abgefeuert. Als das Programm jedoch am Ende des Jahres eingestellt wurde, bekamen sie, die USS *Growler* und die atomgetriebene *Halibut*, statt dessen Flugkörper vom Typ Regulus I. Das eingesparte Geld wurde in den U-Boot-gestützten ballistischen Flugkörper (SLBM) Polaris investiert. Obwohl Befürworter des Regulus-Systems es nicht für weiter schlimm hielten, den Flugkörper von der Wasseroberfläche aus starten zu müssen, hätten die Besatzungen lieber ein System gehabt, mit dem man die Flugkörper unter Wasser starten konnte.

ATOMREAKTOREN

Diese Experimente zeigen, wie die US Navy die U-

USS NAUTILUS

Länge: 98,45 m
Durchmesser: 8,23 m
Antrieb: Atomreaktor mit zwei Wellen/Elektromotoren
Geschwindigkeit: 18/20 Knoten (über/unter Wasser)
Bewaffnung: Sechs 53-cm-Torpedorohre
Besatzung: 111 Mann

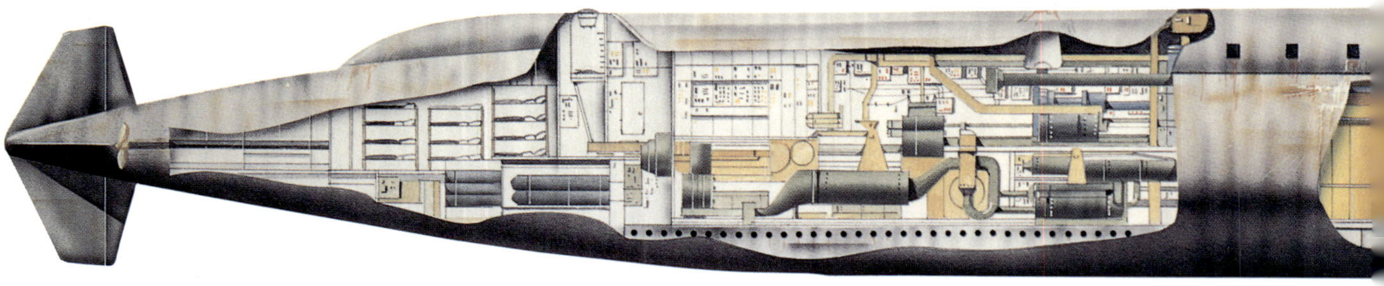

Boot-Kriegsflotte besser nutzen wollte. Es gab auch einen U-Boot-Tanker, ein Fracht-U-Boot und amphibische Transporte. Die Navy war allerdings schon mit Plänen beschäftigt, die die Unterwasserkriegführung revolutionieren sollten. 1948 begannen die Arbeiten an einem Kernreaktor für U-Boote – dem thermischen U-Boot-Reaktor. Daraus entwickelte Westinghouse in Zusammenarbeit mit dem Argonne National Laboratory den Reaktor Mk2 (später S2W). Die Entwicklung lag in den Händen der Wissenschaftler und Ingenieure der Abteilung Marinereaktoren der Atomenergiekommission (AEC), die von Captain Hyman G. Rickover, US Navy, geleitet wurde. Die Strafe für ein Versagen wäre hoch gewesen. Es war nicht nur viel Geld geflossen, auch das Ansehen der USA stand auf dem Spiel. Rickover und sein Team zeigten jedoch niemals den kleinsten Selbstzweifel.

Am 12. Dezember 1951 konnte endlich ein Druckkörper für den neuen Kernreaktor bestellt werden. Er erhielt den Namen *Nautilus* im Gedenken an zwei frühere US-U-Boote, aber auch an Fultons Tauchboot und an das legendäre Boot von Kapitän Nemo aus Jules Vernes Buch „Zwanzigtausend Meilen unter dem Meer“. Die *Nautilus* wurde am 14. Juni 1952 von President Truman bei der Electric Boat Division von General Dynamics in Groton, Connecticut, auf Kiel gelegt. Es handelt sich um den direkten Nachfolger von John P. Hollands Firma. Die Arbeiten gingen schnell voran. Am 21. Januar 1954 wurde die *Nautilus* (SSN-571) von Mrs. Eisenhower vom Stapel gelassen und acht Monate später in den Dienst gestellt. Sie war ein großer Erfolg, nicht zuletzt deswegen, weil der Entwurf des Druckkörpers sehr konventionell war, um unnötige Risiken zu vermeiden, und weil für Rickover die Reaktorsicherheit eine absolute Priorität darstellte. Im ersten Jahr brachte es die *Nautilus* auf über 114 000 km. Abgesehen von der stromlinienförmigen Form war sie konventionell gestaltet. Sie hatte zwei Wellen, die von Dampfturbinen angetrieben wurden. Diese arbeiteten mit dem Hochdruckheißdampf, den der Kernreaktor über einen Wärmetauscher erzeugte. So sollte sich der Dampfantrieb für U-Boote doch noch durchsetzen.

Erst kürzlich wurden zuverlässige Informationen über die Anstrengungen der sowjetischen Marine bekannt, mit der US Navy mitzuhalten. Die ersten Arbeiten begannen im September 1952, also vier Jahre nach den Amerikanern. Die Gruppe wurde von W. M. Peregudow und N. A. Dolleschal angeführt. Der leitende wissenschaftliche Berater war A. P. Alexandrow. Das Sonderkonstruktionsbüro 143 erhielt im Frühjahr 1953 den Auftrag für das Projekt 627. Die Ausarbeitung der detaillierten Pläne dauerte nur 18 Monate und die *K 3* konnte bereits im Sommer 1958 auf See erprobt werden. Als der Kernreaktor am 4. Juli die entscheidenden Tests bestanden hatte, wurde die sowjetische Atom-U-Boot-Flotte ins Leben gerufen.

Das neue Atom-Angriffs-U-Boot (SSN), bei der NATO als Typ „November“ bezeichnet, trat seinen

Dienst als *K 3* an, wurde aber später in *Leninskij Komsomol* umbenannt. Ihm folgen 12 weitere U-Boote des Projektes 627 A bzw. der „Kit"-Klasse. Derselbe Reaktor wurde auch bei den Projekten 658 („Hotel") und 659 („Echo") benutzt. Daher lautet der westliche Spitzname für den Reaktor HEN. Sowohl „Hotel" als auch „Echo"

OBEN: Die *Nautilus* war das erste Atom-U-Boot der Welt, verfügte aber über einen konventionell gestalteten Druckkörper.

UNTEN: Das Projekt 661, im Westen als „Papa" bekannt, übertraf bei Versuchen 44 Knoten. Der Reaktor war aber unzuverlässig und der Titanrumpf zu teuer.

waren mit Langstrecken-Seezielflugkörpern bewaffnet, bei der US Navy als SSGN bezeichnet.

Die US Navy und die NATO waren alarmiert vom raschen Fortschritt des sowjetischen Atomprogramms. Die Sowjets hatten jedoch Probleme mit dem Druckwasserreaktor und wandten sich der Flüssigmetallkühlung zu. Das U-Boot *K 27* (Projekt 645) war ein „November“ mit einem Reaktorprototyp mit Blei-Wismut-Kühlung. Es war erfolgreich, hatte allerdings den Nachteil, dass es abhängiger von landseitiger Unterstützung war. Aus ähnlichen Gründen hat die US Navy für die *Seawolf* (SSN-575) einen Reaktor entwickelt, der mit flüssigem Natrium gekühlt wurde. Die Nachteile jedoch überwogen. Verbesserungen an den Druckwasserreaktoren brachten die gleichen Ergebnisse bei geringeren Kosten.

DAS RENNEN ZUM NORDPOL

Von allen Abenteuern der *Nautilus* wurde keines so bekannt wie ihre Reise zum Nordpol. Am 23. Juli 1958 verließ sie Pearl Harbor in Richtung Alëuten und Beringsee und tauchte kurz in der seichten Tschuktschensee auf. Dann tauchte sie wieder, um das 3657 m tiefe Kanadische Becken zu durchqueren. Zwei Tage später teilte Commander William R. Anderson seiner Besatzung mit, dass sie sich bei 90 ° Nord befänden, also genau am Nordpol, aber unter einer 16 m dicken Eisdecke. Die Welt erfuhr die Neuigkeit erst zwei Tage später, am 5. August, als die *Nautilus* wieder funken konnte. Das Auftauchen war so riskant, dass vier Versuche abgebrochen wurden. Es bestand offensichtlich ein hohes Kollisionsrisiko bei einem unbeabsichtigten Auftauchen unter der Eisdecke. Ebenso gefährlich waren aber unerforschte Hindernisse unter Wasser. Die *Nautilus* verließ sich nur auf ihr Echolot und eine aufwärts gerichtete TV-Kamera.

Die Sowjetunion war entschlossen, in der Unterwasserversion des Weltraumrennens nicht auf der Strecke

OBEN: Eine Nahaufnahme des sowjetischen Projekts 671RTM „Victor III“ während des Kalten Krieges. Die große „Gondel“ auf dem Ruder ist ein Auswerfer für ein Schleppsonar.

RECHTS: Das aktuelle Atom-U-Boot der russischen Marine ist das Projekt 971, die „Akula"-Klasse. Die Geräuschdämpfung sowie die Torpedos und Marschflugkörper wurden verbessert.

zu bleiben. Im Juli 1962 erreichte die *Leninskij Komsomol* (*K 3*) den Nordpol, gefolgt von der *K 181* aus einer anderen Klasse ein Jahr später. Die *K 133* umrundete 1963 die Welt. Neben diesen öffentlich dargestellten sowjetischen Errungenschaften arbeitete das Sonderkonstruktionsbüro 143 an einem Plan, die U-Boote des Projekts 627 mit dem Seezielmarschflugkörper P-20 zu bewaffnen. Zwei Projekte, 627A und 653 wurden entwickelt, 1960 aber eingestellt.

DER IRBM

Bereits 1954 arbeitete das Büro Koroljow an einem ballistischen Flugkörper mittlerer Reichweite (IRBM), der von einem U-Boot aus gestartet werden konnte. Am 16. September 1955 schoss ein diesel-elektrisches U-Boot, der umgebaute „Zulu"-Typ *B 67*, die Variante R-11FM des „Scud"-Flugkörpers (R-11) des Heeres ab. Fünf weitere Umbauten folgten. 23 neu gebaute U-Boote der „Golf"-Klasse (Projekt 629) wurden mit verbesserten Flugkörpern R-13 (NATO: SS-N-4) bewaffnet.

Die ersten Versuche der US Navy mit U-Boot-gestützten Marschflugkörpern führten in eine Sackgasse. Die Verlockung, die ungeheure Zerstörungskraft des IRBM mit einem Atom-U-Boot zu kombinieren, blieb aber unwiderstehlich. Während der 50er Jahre war das Pentagon besessen von der Furcht vor einem Präventivschlag durch sowjetische Bomber, Flugkörper oder von deren Startplätzen für interkontinentale ballistische Flugkörper (ICBM). Man argumentierte, dass ein U-Boot-gestütztes Abschreckungsmittel gegen einen Erstschlag immun wäre und für einen Vergeltungsschlag nach einem solchen Angriff dienen könnte.

Es waren schwierige technische Probleme zu überwinden, aber bestimmte Faktoren ermöglichten den Unterwasserstart. Da Wasser nicht komprimierbar ist, kann eine Rakete die Wasseroberfläche als Startrampe benutzen. Ein zweiter Vorteil war, dass ein Flugkörper mittlerer Reichweite genügte, weil kein Ort auf der Erde mehr als 2735 km vom Meer entfernt ist.

Auf der anderen Seite war es schwierig, ein U-Boot monatelang zu versorgen. Außerdem galt es als unmöglich, die Position eines U-Boots genau genug zu bestimmen, um die Koordinaten für das Abfeuern eines ungelenkten ballistischen Flugkörpers festzustellen. Diese Probleme hatten alle Atom-U-Boote, aber bei U-Booten mit ballistischen Flugkörpern kamen sie besonders zum Tragen. Um eine ausreichende Abschreckung zu gewährleisten, muss das U-Boot lange unabhängig operieren können. Es darf höchstens eine Antenne aufstellen,

UNTEN: Das ursprüngliche Projekt 667B „Delta I" verfügte über 12 Flugkörper SS-N-8, die „Delta II" und „Delta III" hatten jedoch vier weitere Flugkörper. Die „Delta IV" hatte 16 Flugkörper R-29M SS-N-23.

„DELTA I"

Länge: 140 m
Durchmesser: 12 m
Antrieb: Atomreaktor mit zwei Wellen
Geschwindigkeit: 25 Knoten (über/unter Wasser)
Bewaffnung: 12 ballistische Flugkörper D-9, sechs Torpedorohre
Besatzung: 120 Mann

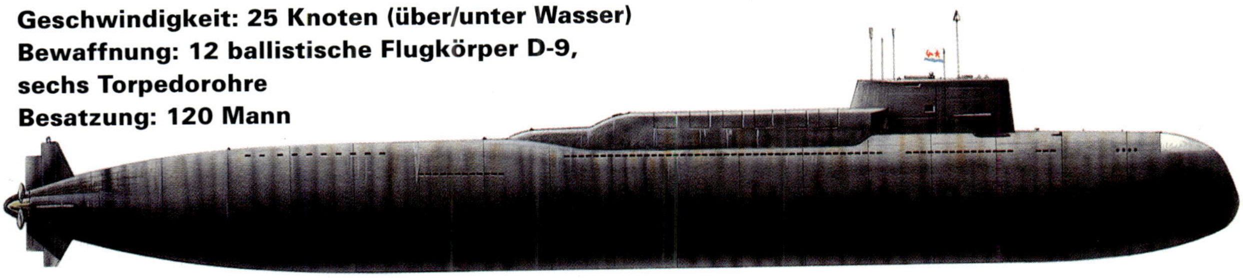

um per Funk einen navigatorischen Standort zu erhalten. Vorläufige Untersuchungen über das Abfeuern derartiger Flugkörper wie z. B. des mit flüssigem Treibstoff betriebenen Jupiter der US Air Force, hatten gezeigt, dass der Umgang mit flüssigem Brennstoff zu gefährlich war. Der Feststoffantrieb bot eine neue Lösung für das Problem. 1956 genehmigte der Marineminister ein neues Projekt für U-Boot-gestützte ballistische Flugkörper mit dem Codenamen Polaris.

POLARIS UND POSEIDON

Die Wissenschaftler prophezeiten, dass die Idee nicht funktionieren würde. Auch Optimisten rechneten nicht mit einer baldigen Lösung. Präsident Kennedy bewilligte jedoch die zusätzlich erforderlichen Mittel. Am 20. Juli 1960 feuerte die USS *George Washington* (SSBN-598) zwei A 1 Polaris bei Cape Canaveral ab, die in einer Entfernung von 2222 km einschlugen. Die Nachricht aus dem U-Boot „Aus der Tiefe zum Ziel. Perfekt." war die Krönung der Arbeit von Hyman Rickover, der inzwischen zum Admiral befördert worden war. Innerhalb eines Jahres stellte ein zweites SSBN-Boot, die *Robert E. Lee,* einen neuen Rekord auf, indem sie 68 Tage unter Wasser blieb. Zwei entscheidende Fortschritte haben dies möglich gemacht. Das Trägheitsnavigationssystem stellte zum ersten Mal eine Möglichkeit zur akkuraten Berechnung des U-Boot-Kurses dar, ohne sich auf den magnetischen oder echten Nordpol beziehen zu müssen. Das System stellt jedes Abtreiben und jede Bewegung in Bezug auf einen bekannten Punkt fest. Obwohl gelegentlich Korrekturen notwendig sind, um ein „Abtreiben" zu vermeiden, ist es genau genug für einen Flugkörper mit Atomgefechtskopf. Das Problem der Atemluft wurde durch die Entwicklung von speziellen Luftfiltern gelöst. So konnte die Besatzung die aufbereitete Luft ohne nachteilige Effekte einatmen. Die Untersuchungen zeigten auch, dass nur ungiftige Farben eingesetzt werden durften.

Die Polaris basierte auf sechs wesentlichen Faktoren:

- Das Trägheitsnavigationssystem, mit dem die Feuerleitanlage die Entfernung zwischen dem U-Boot und seinem Ziel messen konnte.
- Die rechnergestützte Feuerleitanlage, die mit den Informationen des Trägheitsnavigationssystems fortlau-

UNTEN: Das erste Atom-U-Boot der Royal Navy, die HMS *Dreadnought,* hatte den gleichen Reaktor S5W wie die amerikanische „Skipjack"-Klasse. Erste Probefahrten 1962.

OBEN: Die HMS *Torbay* gehört zur „Trafalgar"-Klasse, den modernsten Atom-U-Booten der Royal Navy.

fend die Flugbahn für jeden Flugkörper berechnete.

- Das Flugkörpertestgerät, das die Bereitschaft jedes Flugkörpers prüfte.
- Der Startgeräteleitstand, der alle 16 Rohre für den Abschuss vorbereitete, indem er den Druck ausglich, um die Rohre für den Abschuss von Wasser frei zu halten.
- Der Speicher in jedem Flugkörperlenksystem, der Daten vom Feuerleitsystem empfing und speicherte.
- Die Überwachungstafel, von der man den Status der 16 Flugkörper ablesen konnte.

Wenn der Abfeuerhebel in der Endphase geschlossen wurde, zündete ein Gasgenerator, um den notwendigen Druck aufzubauen, der den Flugkörper im Rohr aufwärts bewegte. Nach dem Verlassen des Rohrs zündete der Feststoffantrieb, der den Flugkörper in seine ballistische Flugbahn brachte. Während des Fluges hielt das Trägheitslenksystem des Flugkörpers ohne Befehle von außen den Kurs. Zu ihrer Zeit war die Polaris die tödlichste Waffe auf See. Die endgültige Variante A3 mit ihren drei einzelnen lenkbaren nuklearen Wiedereintritts-Tochtergefechtsköpfen (MIRV) hatte mehr Sprengkraft als alle im Zweiten Weltkrieg abgeworfenen Bomben. Die A3 hatte eine Reichweite von unge-

USS SKIPJACK

Länge: 76,8 m
Durchmesser: 9,7 m
Antrieb: Atomreaktor mit einer Welle
Geschwindigkeit: 30 Knoten (über/unter Wasser)
Bewaffnung: Sechs 53-cm-Torpedorohre (im Bug)
Besatzung: 114 Mann

OBEN: Die „Skipjack"-Klasse der US Navy setzte mit ihrer Leistung neue Maßstäbe. Der Atomreaktor S5W von Westinghouse war aber laut und beeinträchtigte die Wirksamkeit.

fähr 5556 km, wodurch das U-Boot bessere Möglichkeiten hatte, sich zu verstecken und sowjetische Gegenmaßnahmen kaum möglich waren. Tatsächlich behaupten sowohl die US Navy als auch die Royal Navy, die die Polaris-Raketen A3 für vier ihrer SSBN-U-Boote der „Resolution"-Klasse beschafft hatte, dass keines dieser U-Boote jemals von sowjetischen U-Booten oder U-Jagdkräften entdeckt worden wäre.

1970 feuerte die USS *James Madison* (SSBN-627) die erste C3 Poseidon ab. Sie war zwar größer, hatte aber die gleiche Reichweite wie die A3 Polaris. Ihre Raketenspitze enthielt einige „Durchbruchshilfen" wie z. B. Köder, um die Möglichkeiten der Sprengköpfe zu verbessern, die Abwehr ballistischer Flugkörper um Moskau zu vernichten. Die erbarmungslose Mathematik der atomaren Abschreckung basierte auf der Überzeugung, dass nur ein sicherer Volltreffer eines ballistischen Flugkörpers, der fünf Achtel (62,5%) von Moskau zerstören würde, die Sowjets davon abhielte, den Westen anzugreifen. Alles, was darunter läge, würde das Politbüro dazu anstacheln, zum Gegenschlag auszuholen... Wir werden nie erfahren, ob diese Berechnung richtig war.

DIE REAKTION ANDERER MARINEN

Obwohl die sowjetische Marine überrascht war, wie schnell die Polaris getestet und eingeführt wurde, brauchte sie nicht lange, um zu reagieren. 1963 erschien die *K 156* aus dem Projekt 651 (NATO: „Juliett"). Sechzehn dieser diesel-elektrischen U-Boote (SSGN) wurden gebaut. Sie verfügten über vier Abschussrohre für Flugkörper P-6 Progress (SS-N-3A „Shaddock") im Gehäuse. Zum Abfeuern wurden sie aufgerichtet, ein System, das auch bei den atomgetriebenen U-Booten der „Echo"-Klasse (Projekt 675) angewandt wurde. Die 28 U-Boote dieser Klasse hatten eine doppelt so starke Bewaffnung wie die „Juliett"-Modelle und den Vorteil des atomaren Antriebs. Allerdings konnte die „Shaddock" mit ihrer Reichweite von 555 km keinem Vergleich mit der Polaris standhalten.

Der erste U-Boot-gestützte ballistische Flugkörper war die R-13 (SS-N-4 Sark) für die Projekte 629 („Golf"-Klasse) und 658 („Hotel"-Klasse). Drei Flugkörper saßen entweder im Turm oder im Turmaufbau. Diese Boote erhielten bald den Flugkörper R-21 „Serb" mit einer Reichweite von 1200 km. Schließlich entwarfen die russischen Ingenieure ein SSBN-U-Boot mit deutlichen amerikanischen Einflüssen. Das Projekt 667 A („Yankee") erschien 1967. Vom Aufbau her ähnelte sie der „George-Washington"-Klasse. Sie verfügte über 16 Flugkörper R-27 (SS-N-6 „Sawfly") mit einer Reichweite von 2780 km.

Die Briten und Franzosen folgen der US Navy und bauten mit den „Resolution"- und „Redoubtable"-Klassen ähnliche U-Boote. Die Royal Navy kaufte die A3 Polaris, wohingegen die französische Marine die nationale M2 beschaffte. Die Briten erhielten die Polaris als Ersatz für den aufgegebenen luftfahrzeuggestützten ballistischen Flugkörper Skybolt. General de Gaulle lag dagegen mit den Amerikanern im Streit und erhielt dieses Angebot nicht. Diese U-Boote wurden stets mit zwei Besatzungen ausgestattet, um einen schnellen Schichtwechsel zu gewährleisten.

1979 gaben die Briten zu, dass sie ihren eigenen Sprengkopf „Chevaline" für die Polaris entwickelt hätten. Die A-3TK „Chevaline" ist ein Dreifachsprengkopf,

USS PERMIT
Länge: 90,5 m
Durchmesser: 9,7 m
Antrieb: Atomreaktor mit einer Welle
Geschwindigkeit: 27 Knoten (über/unter Wasser)
Bewaffnung: Vier 53-cm-Torpedorohre
Besatzung: 94 Mann

OBEN: Die „Thresher"-Klasse. Hier nutzte die US Navy die Möglichkeiten des Reaktors S5W und des Sonargeräts BQQ-2.

der in einer niedrigen Flugbahn in das Zielgebiet eindringen kann, um so die Abwehr gegen ballistische Flugkörper außer Gefecht zu setzen. Dieser Flugkörper konnte drei Ziele treffen, die 74 km voneinander entfernt waren. Auch die französischen U-Boot-gestützten ballistischen Flugkörper wurden verbessert. 1987 trat die chinesische Marine mit der Nr. 406 in den SSBN-Club ein. Von westlichen Geheimdiensten mit dem Codenamen „Xia" versehen, scheint sie das einzige aktive Atom-U-Boot zu sein. Sie ähnelt den westlichen Modellen, hat aber nur zwölf Flugkörper.

Nach der Bewertung der Prototypen für die Angriffs-U-Boote (SSN) konnte man sich eigentlich auf die Konstruktion einigen. Die US Navy begann1955 mit vier U-Booten der „Skate"-Klasse (SSN-578). Weitere Bestellungen wurden jedoch storniert, als deutlich wurde, dass noch wesentliche Verbesserungen möglich waren.

DIE TROPFENFORM

Ausschlaggebend war die experimentelle *Albacore* (AGSS-569), deren revolutionärer tropfenförmiger Druckkörper Geschwindigkeit und Manövrierfähigkeit erhöhte. Sie war ausschließlich auf die Unterwasserleistung optimiert, ohne jegliche Zugeständnisse an die Leistung über Wasser. Mit ihren fortschrittlichen Silber-Zink-Batterien erreichte sie angeblich 33 Knoten (bis heute gibt es keine offiziellen Angaben). Die Batterien waren angeblich so teuer, dass das Finanzministerium die Rückgabe des Silbers aus den verbrauchten Zellen forderte.

Die zwischen 1956 und 1961 gebauten sechs Boote der „Skipjack"-Klasse (SSN-585) setzten mit einer Unterwassergeschwindigkeit von 30 Knoten neue Maßstäbe. Mit dem tropfenförmigen Schiffskörper, dem Reaktor Westinghouse S5W und einer Oberflächenverdrängung von 3070 t waren sie die schnellsten U-Boote ihrer Zeit. Der Rumpf wurde von der „George-Washington"-Klasse übernommen. Im Gegensatz zur *Nautilus* und ihren Nachfolgern trieb der Reaktor der „Skipjack" aufgrund der spitz zulaufenden Form des Schiffskörpers nur eine einzige Welle an. Die US Navy hatte nun eine klare Richtung. Die folgenden elf „Thresher" (SSN-593) oder „Permit" (SSN-594) verfügten ebenso wie die 42 größeren „Sturgeon" (SSN-613) über den Reaktor S5W. Die „Skipjack" war zwar nicht gerade leise, aber aufgrund ihrer Geschwindigkeit und Manövrierfähigkeit für den Kampf gegen U-Boote geeignet. Es war keine neue Idee, „einen Dieb von einem Dieb fangen zu lassen". Das hatte die „R"-Klasse bereits 1918 bewiesen, und es gab auch ein paar Begegnungen im Zweiten Weltkrieg, obwohl damals die Sensoren noch fehlten. Für die „Skipjacks" und ihre Nachfolger wurde die U-Jagd dagegen zur Hauptaufgabe.

U-BOOTE FÜR DIE U-JAGD

U-Boote haben einzigartige Vorteile bei der U-Jagd. Zum einen ist ein U-Boot sein eigenes tiefenvariables Sonar und kann nach Belieben (meistens jedenfalls) durch Temperatursprungschichten fahren. Zum anderen kann es seiner Beute überallhin folgen. Dagegen sprechen allerdings die hohen Bau- und Betriebskosten. Sogar die US Navy und die sowjetische Marine bauten während des Kalten Krieges nur geringe Stückzahlen. Außerdem kann ein großes SSN nicht in flachen Gewässern operieren. Druckwasserreaktoren dürfen auf See niemals ganz abgeschaltet werden. Daher ist ein geringer Lärmpegel nicht zu vermeiden. Bei voller Kraft

ist ein SSN-Boot sehr laut. So muss die Geschwindigkeit gedrosselt werden, damit die Sensoren einwandfrei arbeiten können. Die hohe Geschwindigkeit ist jedoch ein strategischer Vorteil, denn ein SSN kann ganz geheim und schnell viele tausend Meilen zurücklegen. Dies wurde im Falklandkrieg ausgenutzt, obwohl Gerüchte und gezielte Fehlinformationen die argentinische Marine glauben ließen, dass die U-Boote schon viel früher angekommen wären.

Die Sonargeräte der sechziger Jahre unterschieden sich gewaltig von den Mittelfrequenz-Aktivgeräten aus dem Zweiten Weltkrieg. Jeder U-Boot-Fahrer hat Angst, durch das Geräusch seines Aktivsonars den Feind aufmerksam zu machen und ihm den ersten Schuss zu ge-

LINKS: Die USS *Michigan* (SSBN-727) ist ein strategisches Atom-U-Boot mit ballistischen Flugkörpern vom Typ Trident.

währen. Die modernen Sonargeräte sind daher hauptsächlich Niedrigfrequenz-Passivgeräte. Das aktive Element gibt nur ein einzelnes Geräusch für die Ausrichtung ab. Passive flankierende Anordnungen sind heutzutage Standard. Weiterhin gibt es Minenausweichgeräte, HF-Geräte kurzer Reichweite für Hindernisse vor dem U-Boot, Untereis-Sonargeräte und sogar nach hinten wirkende Sonargeräte für den Einsatz nahe der Wasseroberfläche. Sonargeräte benötigen ein Kampfsystem, das ihre Eingaben verarbeitet und die Daten dem Kommandanten in verständlicher Form vorlegt. Dieser entscheidet dann über die weitere Vorgehensweise, während das Kampfsystem die Waffen wählt.

DRAHTGELENKTE TORPEDOS

Die Hauptwaffe moderner SSN ist der schwere drahtgelenkte Langstreckentorpedo, der bereits vor über 125 Jahren erfunden wurde. Die modernen schweren Torpedos, die dazu bestimmt sind, Schiffe oder andere U-Boote zu versenken, basieren auf deutschen Forschungen aus dem Zweiten Weltkrieg. Sie sind drahtgelenkt und können so auf Befehle der Feuerleitanlage reagieren, die entweder mit dem Kampfsystem verbunden oder darin integriert sind. Die Zwei-Wege-Drahtverbindung wird von einer Spule im Torpedoschacht und einer ähnlichen Spule im Schwanzteil des Torpedos abgerollt, um zu verhindern, dass der Draht aufgrund ungleicher Spannung reißt oder sich verdreht. Bei diesem Zwei-Wege-System kann der Torpedo-Suchkopf als nicht schiffseigener Sensor Zieldaten an die Feuerleitanlage übermitteln.

Die Drahtlenkung hat jedoch auch Nachteile. Für einen Schuss über 10 000 m werden bei einer Geschwindigkeit von 30 Knoten zehn Minuten benötigt. In dieser Zeit kann das Rohr nicht nachgeladen werden. Wegen der Gefahr der gegenseitigen Störung können die meisten Waffenleitanlagen nur zwei Torpedos gleichzeitig steuern. Der Draht könnte sich verdrehen oder brechen, wodurch die Torpedos führungslos wären. Moderne Waffen haben daher die Möglichkeit, in den autonomen Modus umzuschalten. Dabei richten sie sich nach den Informationen des Suchkopfs. Wegen der räumlichen Enge im Torpedorumpf bringen selbst die modernsten Aktiv- oder Passivsuchköpfe nicht annähernd die Leistung eines U-Boot-Sonars. Der autonome Modus ist daher eher eine Notlösung.

SEEZIELFLUGKÖRPER

Relativ neu ist der unterwassergestartete Seezielflugkörper. Er wird entweder in einer nulllastigen Kapsel von einem Abschussrohr abgeschossen oder von einem senkrechten Startgerät abgefeuert. Die Wasseroberfläche durchbricht er mit Hilfe seiner Stabilisierungsflossen in einem vorbestimmten Winkel. Danach verfolgt er eine normale Flugbahn. Zur Zeit gibt es U-Boote mit zwei verschiedenen Arten von Flugkörpern: Taktische Seezielflugkörper, wie z. B. die UGM-

84 Sub Harpoon oder die Exocet SM 39, und Marschflugkörper wie die BGM-109 Tomahawk oder die russische S-10 *Granat,* die von der NATO eigentlich als SS-N-21 „Sampson" bezeichnet wird, aber in der US Navy als „Tomahawkski" bekannt ist.

ZIELDARSTELLUNG

U-Boot-Feuerleitanlagen steuern eigentlich Waffen, moderne Führungssysteme müssen aber der Führung auch ein taktisches Bild liefern, die Position und Identität aller Kontakte anzeigen und ihre Bewegungen vorausberechnen. Dazu dienen die Daten aller (normalerweise passiven) Sonargeräte, die aber im Gegensatz zum Radar unpräzise und langsam sind. Allerdings sind Sonargeräte nicht die einzige Informationsquelle. Elektronische Unterstützungsmaßnahmen (ELOUM) sorgen für die Auswertung von Überwasserfunk- und -radarübertragungen. Außerdem hat der Kommandant sein Periskop und externe Informationen über Satellitenverbindungen. So merkwürdig es auch scheint, aber die meisten U-Boot-Kommandanten überprüfen die taktische Lage mit einem schnellen Blick durch das Periskop.

Moderne Periskope besitzen Infrarotsensoren, Laserentfernungsmesser, Restlichtfernsehkameras und Wärmebildgeräte, die ihre Informationen dem Kampfsystem direkt per Glasfaserkabel übermitteln. Den Standort und die Bewegungsrichtung eines Objekts zu ermitteln, kann Minuten, mitunter sogar Stunden dauern. Manchmal kann ein Objekt zwar festgestellt, aber nicht positiv

OBEN: Die *Rubis* war das erste Atom-U-Boot der französischen Marine und hatte einen ungewöhnlich kompakten Reaktor. Alle vier Boote wurden inzwischen modernisiert.

identifiziert und überwacht werden, bevor es außerhalb der Reichweite der Sonargeräte ist. Die einzelnen Daten müssen auch erst verarbeitet werden, damit sich ein deutliches taktisches Bild ergibt. Das ist in drei Bereiche aufgeteilt: Trackführung, Zielbewegungsanalyse und Display-Management.

DIE SOWJETISCHE „CHARLIE"

Die sowjetische Marine hat sich immer vor den Angriffen amerikanischer Flugzeugträger gegen das Festland gefürchtet und betrachtete ihre Langstrecken-Marschflugkörper als Gegenmaßnahme. Nach den vergleichsweise unbeholfenen Waffensystemen für die „Juliett"- und „Echo"-Klassen kam der fortschrittlichere Typ Skat Projekt 670 („Charlie"). Der Flugkörper P-20L (SS-N-7) konnte mit Hilfe von Radardaten unter Wasser abgeschossen werden. Obwohl die 24 Knoten schnelle „Charlie" zu langsam war, um eine Trägerkampfgruppe zu treffen, galt sie doch als gefährlich. Sie konnte durch den Begleitschutz schlüpfen und ließ der Verteidigung dann nur noch wenig Zeit für Gegenmaßnahmen. Die verbesserte Skat-M („Charlie II") verfügte über die P-120 Malakhit (SS-N-9 „Siren"). Sie besaß eine höhere Abschussgeschwindigkeit und hatte eine Reichweite von 120 km. Eine „Charlie I" wurde 1988 als INS Chakra für drei Jahre an Indien vermietet, aber die indische

Marine war nicht sehr zufrieden. Den Berichten zufolge durfte das indische Personal weder den Reaktor kontrollieren noch sich mit dem Flugkörper-Leitstand vertraut machen. Pläne, ein zweites U-Boot zu mieten, wurden fallen gelassen.

Das Modell „Charlie" war vermutlich zunächst als SSN geplant und wurde dann in ein SSGN umgebaut, daher die ziemlich dürftige Leistung. Der wirkliche Nachfolger der „Echo"-Klasse scheint das riesige 12 500-t-Projekt 949 Antey („Oscar") zu sein. Diese Boote haben zwölf Seezielflugkörper P-500 Granit (SS-N-19 „Shipwreck"), die über Satellitendaten gelenkt werden. Die „Oscar"-Klasse und ihre Waffen stellen eine furchteinflößende Kombination dar. Nur der Zusammenbruch der Sowjetunion konnte das Projekt aufhalten. Die letzten sechs „Oscar II" wurden nach 1992 zerlegt.

Parallel zu diesen Entwicklungen arbeitete die Sowjetunion an einem großen Fortschritt im U-Boot-Bau. Kurz nach der Indienststellung der „November" 1958 begannen die Konstrukteure mit einem neuen Hochgeschwindigkeits-U-Boot und der dazugehörigen Technik. Daraus wurde nach einer langen Entwicklungszeit das Projekt 661, die *Anchar* oder „Papa". Der Prototyp wurde Ende 1963 in Sewerodwinsk in der Arktis aufgelegt und genau sechs Jahre später in den Dienst gestellt. Er war mit vier 53,3-cm-Torpedorohren und zwölf Torpedos sowie zehn 60-km-Marschflugkörpern P-70 Ametist bewaffnet. Angetrieben von zwei Reaktoren, zwei Turbinen und zwei Wellen, kam die *Anchar* mit ihren 80 000 PS bei Testfahrten auf 44,7 Knoten. Das ist immer noch Weltrekord. Bei einer Oberflächenverdrängung von nur 5200 t konnte sie dank eines Druckkörpers aus einer neuen Titanlegierung bis 400 m tief tauchen. Das sind 100 m mehr als die „November".

DIE VORTEILE VON TITAN

Speziell für das Projekt 661 wurde eine Abteilung für Hüttentechnik eingerichtet, die Planken, Rahmen und Schmiedestücke aus Titan herstellte. Die Vorteile dieses neuen Materials waren u. a. niedriges Gewicht, Haltbarkeit, geringe Korrosion und das Fehlen der magnetischen Signatur. Allerdings waren die Kosten untragbar hoch. Die lange Bauzeit und die Unzuverlässigkeit des Reaktors führten schließlich dazu, dass das Projekt 661 nicht in die Serienproduktion ging.

Das nächste Titan-Modell war das Projekt 705 *Lira,* im Westen als „Alfa" bekannt. Der Prototyp wurde im damaligen Leningrad gebaut und im Dezember 1971 in den Dienst gestellt. Fünf weitere folgten zwischen 1972 und 1982. Die *Lira* hatte eine Oberflächenverdrängung von 2300 t und war mit sechs 53,3-cm-Torpedorohren und zwölf Torpedos bewaffnet. Ein einziger Reaktor und eine Turbinenanlage brachten das U-Boot auf 42 Knoten. Amerikanische und britische U-Boot-Fahrer waren erstaunt, als sie der „Alfa" auf See begegneten. Ihre hohe Geschwindigkeit und die übertriebenen Angaben zur Tauchtiefe lösten bei der U-Jagdtruppe fast eine Panik aus. Es gab jedoch schwerwiegende Mängel im Blei-Wismut-Kühlsystem des 40 000-PS-Reaktors, der außerdem sehr unzuverlässig war. Wegen der hohen Kosten, die sie verursachte, erhielt die *Lira* den Spitznamen „Goldener Fisch". Die Konstrukteure hatten die Tauchtiefe der *Lira* gar nicht in den Vordergrund gestellt. Erst die Fehleinschätzung im Westen führte dazu, dass viel Geld in die Entwicklung von tief tauchenden Torpedos gesteckt wurde.

Die volle Ausbeute der neuen Technologie wurde schließlich bei den Prototypen *Komsomoletz* (K 278) des Projekts 685 *Plawnik* („Mike") erreicht. Sie wurden zwischen 1978 und 1983 in Sewerodwinsk gebaut. Ihr Titan-Druckkörper ermöglichte eine Tauchtiefe von 1000 m. Der 40 000-PS-Reaktor schaffte allerdings nur bescheidene 30 Knoten. Die Bewaffnung bestand aus sechs Abschussrohren und 28 Torpedos und Flugkörpern. Dieses bemerkenswerte U-Boot ging 1989 unter tragischen Umständen nach einem Feuer im Reaktor in der Barentssee verloren.

Ein Modell, das wieder in Serienproduktion ging, war das Projekt 945 („Sierra"). Die Wahl der Krasnoje-Sormowo-Werft in Nischnij Nowgorod setzte der Größe bestimmte Grenzen. Trotzdem wurde die Bewaffnung auf 40 Torpedos und Flugkörper erhöht. Obwohl eine Gesamtzahl von vierzig geplant war, wurden zwischen 1984 und 1993 nur jeweils zwei „Sierra I" und zwei „Sierra II" in den Dienst gestellt. Es begannen sich bereits Probleme in der russischen Wirtschaft abzuzeichnen, sodass die Geldforderungen des Militärs nicht erfüllt werden konnten.

WEITERE SOWJETISCHE ENTWICKLUNGEN

Trotz der U-Boote mit Titan-Druckkörper wurden die Stahlkonstruktionen nicht aufgegeben. Das Projekt 671 *Ersh* („Victor"), erschien erstmals 1967. Das 4300-t-U-Boot hatte viele amerikanische Merkmale, wie z. B. den tropfenförmigen Schiffskörper mit der einzelnen Propellerwelle. Ein 30 000-PS-Reaktor, doppelt so stark wie der S5W, brachte das Boot auf 30 Knoten. Die Bewaffnung setzte sich aus achtzehn Torpedos und U-Jagd-Flugkörpern RPK-2 *Vjoga* (SS-N-15 „Starfish") zusammen. Diesen beeindruckenden SSN folgten die Projekte 671RT „Viktor II" und 671RTM *Schtschuka* „Viktor III" mit deutlich verbesserten Kampfsystemen. Die erhöhte Leistungsfähigkeit führte im Westen zu Vermutungen, dass die Sowjets sich westliche Technologien angeeignet hätten. Sie hatten auch endlich ge-

Rechts: Die Atom-U-Boote der „Los-Angeles"-Klasse, wie hier die *Buffalo,* sind zu Lasten der Tauchtiefe auf hohe Geschwindigkeiten ausgelegt.

merkt, dass ihre lauten U-Boote mit Leichtigkeit von den westlichen Passivsonaren verfolgt werden konnten. So wurden große Anstrengungen unternommen, die Lautstärke der Maschinen zu verringern und die Konstruktion des Druckkörpers zu verbessern. Die „Viktor III" war bewaffnet mit vier 650-mm-Abschussrohren für das U-Jagdflugkörper-System RPK-6 Wodopod (SS-N-16 „Stallion").

Nachfolger der Victor-Modelle ist das Projekt 971 *Bars,* im Westen als „Akula" bekannt. Dieses Modell sollte die „Sierra" ergänzen und diente hauptsächlich als Abschussplattform für den Marschflugkörper S-10 Granat. Die Bewaffnung der „Akula I" bestand nur aus zwei 53,5-cm-Rohren für Torpedos und sechs 65-cm-Rohren für Flugkörper. Die „Akula II" hat sechs außen liegende Rohre, um die Feuerkraft zu erhöhen.

1970 wurde in Sewerodwinsk das erste Boot einer Serie von 10 000-t-SSBN, dem Projekt 667 *Murena* („Delta"), begonnen. Die letzte Variante, das Projekt 667 BDRM *Delfin,* war mit sechzehn R29RM *Shtil* (SS-N-23 „Skiff") bewaffnet. Es handelt sich um einen dreistufigen Flüssigkeitsflugkörper mit einer Reichweite von 8300 km. 1983 erschien das erste SSBN im Rahmen des Projekts 941 *Akula* („Typhoon"). Das riesige 18 500-t-U-Boot war mit 24 Flugkörpern R-39 *Taifun* (SS-N-20 „Sturgeon") bewaffnet. Im Gegensatz zur *Delta* und den älteren SSBN sollten die sechs „Typhoons" ein Jahr auf dem Meeresgrund verbringen können, um nach einem nuklearen Angriff einen Gegenschlag ausführen zu können.

DER WESTEN NUTZT SEINE ÜBERLEGENHEIT

Der Westen reagierte auf diese Fortschritte nicht mit geduldiger Unterwürfigkeit, sondern mit der Entschlossenheit, die überlegenen technischen und industriellen Ressourcen zu nutzen. Die US Navy startete ein umfangreiches Programm. Zwischen 1972 und 1995 wurden 62 SSN der „Los-Angeles"-Klasse (SSN-688) gebaut. Außerdem gab es mit der „Ohio"-Klasse (SSBN-726) eine neue Generation von SSBN, die mit dem 7400-km-Flugkörper C4 Trident I bewaffnet war. Schon bald wurde die Trident I durch die D5 Trident II mit einer Reichweite von 11 110 km ersetzt.

Diese Entwicklungen wurden auch in den anderen westlichen Nationen vollzogen. Die Royal Navy hatte 1958 einen Reaktor S5W für ihr erstes SSN HMS *Dreadnought* gekauft und danach eigene Reaktoren für fünf SSN und vier SSBN entwickelt. Das erste Modell in Serienproduktion war die *Swiftsure,* ein 4400-t-U-Boot, das von einem Druckwasserreaktor auf 30 Knoten gebracht wurde und mit fünf Rohren bewaffnet war. Die Form des Druckkörpers wurde für die 4700-t-„Trafalgar"-Klasse etwas geändert. Sie hatte dieselbe Leistung, aber verbesserte Systeme.

ATOM-U-BOOTE IM KRIEG

Ausgerechnet die Royal Navy war die erste Marine, die ein atomgetriebenes U-Boot im Krieg einsetzte. 1982

wurden britische SSN als erste in den Südatlantik geschickt, nachdem Argentinien die Falklandinseln besetzt hatte. Ihre Hauptaufgabe lag in der Aufklärung. Während der Einsatzverband in Richtung Süden unterwegs war, verfolgten sie die argentinischen Überwassereinheiten, insbesondere den Träger ARA *Veinticinco de Mayo*. Drei U-Boote wurden noch schnell mit einem passiven Ortungsgerät der US Navy ausgerüstet, um argentinische Funk- und Radarübertragungen zu erfassen. Wenn der Funkverkehr auf den Beginn eines Luftangriffs hinwies, konnte ein SSN den Führer des Einsatzverbandes per Satellitenverbindung warnen und so rechtzeitig bewaffnete Luftraumüberwachung anfordern.

Als Teil ihrer Strategie hatten die Briten eine totale Ausschlusszone um die Inseln errichtet und die argentinische Regierung gewarnt, dass jeder außerhalb der argentinischen Hoheitsgewässer operierende Verband angegriffen würde. Trotzdem begann die argentinische Marine mit drei Maßnahmen, um die Briten zum Handeln zu zwingen, allerdings zu argentinischen Bedingungen.

Während des gesamten 1. Mai patrouillierten der Kreuzer *General Belgrano* und deren Geleitzerstörer im Südwesten, während die *Veinticinco de Mayo* sich im Nordwesten auf einen Luftangriff vorbereitete. Beide wurden von britischen U-Booten beobachtet: Kreuzer und Geleitzerstörer mit ihren Waffen und Exocet-Seezielflugkörpern als auch der Träger mit seiner Luftwaffengruppe stellten eine Bedrohung dar.

DIE *BELGRANO* WIRD VERSENKT

Im Morgengrauen des 2. Mai war der Träger ungefähr 370 km entfernt und bereit, die Flugzeuge zu starten. Der Einsatz wurde jedoch abgesagt, weil der Wind an Deck nicht ausreichte. Die *General Belgrano* wusste nicht, dass sie von der HMS *Conqueror* aus einer Entfernung von 370 km mit dem damals streng geheimen Schleppsonar 2026 überwacht wurde. Obwohl sich der alte Kreuzer, ein Veteran von Pearl Harbor, ungefähr 67 km außerhalb der Zone aufhielt, stellte er eine Bedrohung für die leichten britischen Streitkräfte in dem Gebiet dar. So erhielt die HMS *Conqueror* die Erlaubnis, ihn zu versenken. Drei Geradeausläufer-Torpedos Mk 8 trafen die *General Belgrano* am Bug und im Maschinenraum. Sie sank bei schlechtem Wetter, während ihre beiden Geleitschiffe die HMS *Conqueror* zwei Stunden lang verfolgten und erfolglos versuchten, sie zu versenken. Aufgrund der rauen See ertranken fast 370 Besatzungsmitglieder oder starben durch Unterkühlung.

Kritisiert wurde später die Tatsache, dass der Kreuzer auf dem Weg „nach Hause“ war und das Versenken eine brutale Methode war, die Friedensverhandlungen zu beenden. Tatsächlich gab der Leiter des Streitkräftestabs, Admiral Lewin, später zu, dass auch der Träger von seinem Verfolger hätte versenkt werden können, aber dass die *General Belgrano* ausgesucht wurde, weil der Verlust der *Armada Republica*, Argentiniens Prestigeobjekt, als Übertreibung betrachtet worden wäre. Zu dem Vorwurf, dass das Schiff sich von der Zone wegbewegt hätte, wäre zu sagen, dass argentinische Schiffe bereits 22 km vor der argentinischen Küste angegriffen werden durften. Ein höherer Flagg-Offizier der argentinischen Marine sagte später öffentlich, dass er denselben Befehl erteilt hätte, wären die Rollen anders verteilt gewesen.

DER GOLFKRIEG

Ein weiteres Mal kamen U-Boote im Golfkrieg 1991 zum Einsatz. Dort wurden nicht weniger als 18 Atom-U-Boote der US Navy zur Aufklärung und Überwachung eingesetzt. Die USS *Louisville* (SSN-724) schoss Tomahawk-Marschflugkörper vom Roten Meer aus ab, und ihr Schwesterschiff, die *Pittsburgh* (SSN-720) feuerte vom östlichen Mittelmeer aus. Sie hatten die Aufgabe, die Flanken des Irakischen Luftverteidigungssystems aufzurollen, indem sie wichtige Kraftwerke und Kommunikationszentren außer Kraft setzten, eine Aufgabe, die sie sich mit den Überwasserschiffen teilten.

ANDERE MARINEN MIT ATOM-U-BOOTEN

Die französische Marine genehmigte 1964 ihr erstes SSN im Rahmen des Projekts *Sousmarin Nucléaire de Chasse*, das jedoch bereits vier Jahre später eingestellt

UNTEN: Die Atom-U-Boote des Projekts 705 waren für schnelles Abfangen konzipiert. Der Titandruckkörper und die leichte Abschirmung des Reaktors brachten eine sehr hohe Geschwindigkeit.

„ALFA“

Länge: 81,4 m
Durchmesser: 9,5 m
Antrieb: Atomreaktor mit einer Welle
Geschwindigkeit: 45 Knoten (über/unter Wasser)
Bewaffnung: Sechs 53-cm-Torpedorohre
Besatzung: 31 Mann

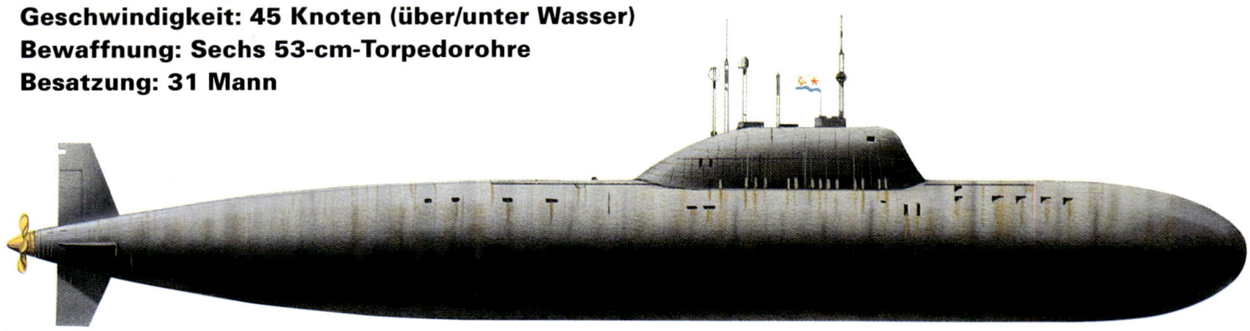

„VIKTOR III“

Länge: 104 m
Durchmesser: 10 m
Antrieb: Atomreaktor mit einer Welle
Geschwindigkeit: 30 Knoten (über/unter Wasser)
Bewaffnung: Sechs 53-cm-Torpedorohre
Besatzung: 94 Mann

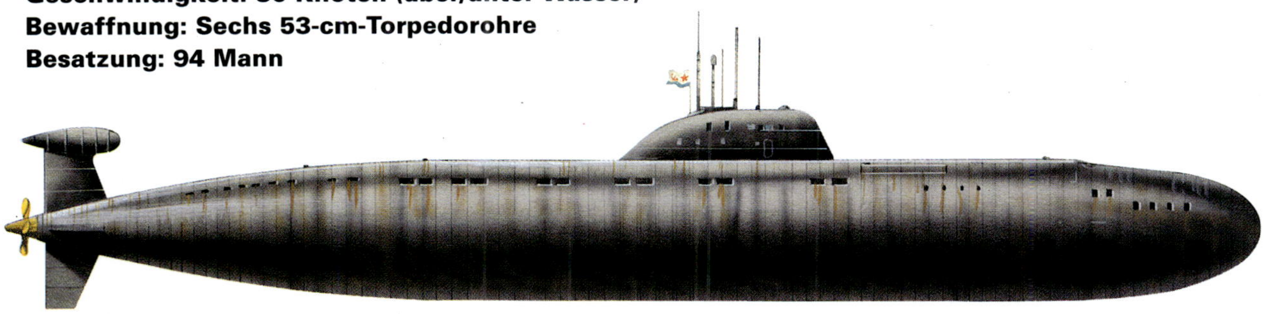

OBEN: Das kennzeichnende Merkmal des russischen Atom-U-Boots „Viktor III“ ist die tropfenförmige Gondel auf dem oberen Ruder. Darin verbirgt sich ein Schleppsonar.

wurde, um 1972 als *Sousmarin Nucléaire Attaque* (SNA 72) wieder aufgenommen zu werden. Zwischen 1976 und 1988 wurden vier Einheiten der „Rubis“-Klasse gebaut. Hierbei handelt es sich um die kleinsten Atom-U-Boote überhaupt, was auf das geringe Volumen des Reaktors CAS 48 zurückzuführen ist. Diese Modelle sollten nur zur U-Jagd eingesetzt werden und waren sehr laut. Maßnahmen zur Geräuschdämpfung wurden bei den nächsten vier Booten der „Améthyste“-Klasse angewandt. Der Name dieser Klasse ist das Akronym für *Amélioration Tactique Hydrodynamique Silence Transmission Ecoute* (taktisch verbesserte Hydrodynamik, Geräuschdämpfung und Übertragung). Diese Maßnahmen erwiesen sich als sehr effektiv, weshalb die vier U-Boote der „Rubis“-Klasse auf denselben Standard gebracht wurden.

Die Franzosen mussten auch ihre alten SSBN ersetzen. Im Gegensatz zu den Briten bestanden die Franzosen jedoch darauf, ein rein französisches SLBM-System zu entwickeln. Die neue *Triomphant* ist inzwischen eingeführt und verfügt über den Flugkörper M4. Das Schwester-U-Boot *Termeraire* befindet sich in Cherbourg im Bau. Das Nachfolgemodell M5 wurde storniert, aber die künftigen SSBN wie auch die verbesserten *Triomphant* und *Temeraire* werden den kampfwertgesteigerten M45 erhalten. Die SSBN sind von Streichungen im Verteidigungshaushalt ausgenommen, wovon allerdings die letzten zwei U-Boote der „Améthyste“-Klasse betroffen waren. Es gibt Pläne für ein neues SSN, das aber wohl erst im nächsten Jahrhundert gebaut wird.

Gerüchte über ein neues chinesisches SSN als Nachfolger für die „Han“-Klasse sind im Umlauf. Allerdings ist es bislang noch nicht gesichtet worden. Die indische und die brasilianische Marine wollen zwar weiterhin Atom-U-Boote bauen, aber die Kosten ziehen die Projekte in die Länge. Andere Marinen haben die Hoffnung aufgegeben, in den Club der Atom-U-Boote einzutreten.

DIE KOSTEN DER STILLLEGUNG

Inzwischen gibt es auch Klarheit über die Kosten für die Außerdienststellung atomgetriebener U-Boote. Die russische Marine hat ausgemusterte SSN und SSBN wie auch die Reaktoren in tiefem Wasser versenkt. Die Russen geben zu, dass 52 Wracks von Atom-U-Booten vor dem U-Boot-Stützpunkt Murmansk liegen. Eine Gruppe amerikanischer und norwegischer Spezialisten soll diese Wracks unschädlich machen. Sogar die US Navy kann es sich nicht leisten, ihre Kernreaktoren neu zu beschicken. Einige SSN wurde deshalb frühzeitig außer Dienst gestellt. Das Problem ist der Reaktorkern, der noch viele Jahre nach der Abschaltung des Reaktors radioaktiv bleibt. Für die Russen verschlimmert sich das Problem wegen des Blei-Wismut-Kühlsystems, das in einigen Booten eingebaut ist. Wenn das Kühlmittel sich abkühlt, was für gewöhnlich der Fall ist, wenn die russische Marine ihre Stromrechnungen nicht bezahlen kann, ist der Reaktor nur schwer zu demontieren. Experten meinen, dass die sicherste Methode zur Entsorgung radioaktiver Kerne das Versenken im tiefsten Teil des Ozeans ist. Der Widerstand der Umweltschützer hat dies allerdings unmöglich gemacht, sodass die einzige Alternative in Deponien besteht. Admiral Rickovers Traum von einer rein nuklearen Marine ist ausgeträumt, und seine Nachfolger haben ein unlösbares Problem geerbt.

S 212

KAPITEL 5

Das Comeback des konventionellen U-Boots

Obwohl das Atom-U-Boot das konventionelle dieselelektrische U-Boot zunächst zu verdrängen schien, schreckten die hohen Kosten der Atomkraft doch viele Marinen ab. Das konventionelle U-Boot hatte auch ganz eigene Vorteile wie die Geräuscharmut und die Beweglichkeit in flachen Gewässern.

Nach dem Erscheinen der *Nautilus* und der „November"-Klasse schien das Zeitalter der konventionellen diesel-elektrischen U-Boote zu Ende zu gehen. Oft war von „echten" U-Booten einerseits und „Tauchbooten" andererseits die Rede. Die konventionellen Boote (bei der US Navy als SS bezeichnet) konnten die Geschwindigkeit und Unterwasserfahrstrecke der Atom-U-Boote nicht erreichen. Selbst die modernen Jagd-U-Boote (SSK) schafften dies nicht. Dennoch werden heutzutage mehr SSK gebaut als jemals zuvor. Was ist da schiefgelaufen?

LINKS: Der neue Typ 212 der Bundesmarine ist eines der modernsten U-Boote der Welt. Zur Verlängerung der Einsatzbereitschaft unter Wasser werden Brennstoffzellen benutzt.

In der Praixs waren die Atom-U-Boote sehr viel teurer als ihre Befürworter behauptet hatten, und das nicht nur bei der Beschaffung und den Lebensdauerkosten, sondern vor allem bei der Entsorgung. Auf der anderen Seite haben konventionelle U-Boote dieselbe Abschreckungswirkung wie Atom-U-Boote. Sie verfügen über die gleichen Waffen, und die Lebensdauerkosten sind viel geringer. Auch bei der Entsorgung entstehen keine großen Kosten. Außerdem können sie spezielle Aufgaben erfüllen, für die Atom-U-Boote nicht geeignet sind. Dabei sind konventionelle U-Boote

OBEN: Die USS *Gudgeon* war eines der sechs U-Boote der „Tang"-Klasse, die 1949–52 gebaut wurden, um die Eigenschaften der deutschen U-Boote, insbesondere des Typs XXI, zu nutzen.

keineswegs billig: Bei kleinen Marinen machen sich die Kosten für das Personal und die landseitige Unterstützung durchaus bemerkbar. Allerdings gelten sie oft als Prestigeobjekte. Der Markt für diese U-Boote expandiert ziemlich schnell.

Die US Navy war von ihrer Atomlobby so dominiert, dass sie Ende der fünfziger Jahre mit drei Exemplaren der „Barbel"-Klasse (SS-580) ihre letzten konventionellen U-Boote baute. Diese beeindruckenden Boote hatten eine Überwasserverdrängung von 2140 t. Auf kurzen Strecken erreichten sie sogar 21 Knoten. Erstmals waren hier alle Steuerungselemente in einer „Einsatzzentrale" zusammengefasst. Vorher wurde bereits mit dem Projekt GUPPY III begonnen, wobei neun Boote vom Typ GUPPY II um drei Meter verlängert wurden, um Kontrollraum und Turmaufbau vergrößern zu können. Mit einer verbesserten Feuerleitanlage konnte der nukleare U-Jagd-Torpedo Mk 45 Astor abgefeuert werden. Dieser Waffe wurde eine Tötungswahrscheinlichkeit von 200 % – das eigene U-Boot eingeschlossen – zugeschrieben, weil der Stoßwellenradius die Reichweite überstieg. Die „Tang"- und „Darter"-Klassen (SS-563 bzw. SS-576) aus den fünfziger Jahren waren ein Versuch, die Erfahrungen aus den deutschen XXI-Modellen in die Praxis umzusetzen. Leider war der fortschrittliche Sterndieselmotor von Fairbanks Morse nicht erfolgreich, sodass die U-Boote wieder mit konventionellen Maschinen bestückt werden mussten.

Die sowjetische Marine ist dem konventionellen U-Boot stets treu geblieben und baute es parallel zum Atom-U-Boot. Bis zum Ende des Projekts 613 „Whiskey" 1958 wurden nicht weniger als 215 Stück gebaut. 21 weitere wurden in chinesischen Werften montiert. Der verbesserte Typ, Projekt 633 „Romeo", ist nie so populär gewesen. Zwischen 1956 und 1964 wurden 20 Stück für die sowjetische Marine sowie weitere für den Export gebaut. Von dem Projekt 611 „Zulu", ein hochseetüchtiges 1900-t-Boot, gab es 30 Stück. Von den frühen sechziger Jahren bis 1971 wurden 62 Boote von dem Projekt 641 „Foxtrott" gebaut. Aus Komponenten der „Foxtrott" wurden die 19 U-Jagdboote der „Som"-Klasse (Projekt 641 BUKI) („Tango") entwickelt.

RUSSLANDS GRÖSSTER ERFOLG – DIE „KILO"

Die westlichen Beobachter akzeptierten leichtgläubig die sowjetischen Behauptungen, dass alle diese U-Boote einsatzbereit wären. Tatsächlich galt die Mehrzahl nur als Materialreserve. Einige U-Boote hatten keine Motoren, oder es fehlte an anderen wichtigen Ausrüstungsgegenständen. Die sowjetische Planwirtschaft verließ sich auf langwierige Produktionsläufe, um die Werften auszulasten. Bei einem Verlust oder einer Übergabe an eine befreundete Marine konnten Ersatzdruckkörper aus der Reserve geholt werden. Viele wurden sogar an Satellitenstaaten der Dritten Welt weitergegeben, wo sie ein Dauerdasein in den Werften fristeten.

Der größte Erfolg der Russen war das Projekt 877 („Kilo"), ein 2300-t-U-Boot. Entworfen wurde es vom Büro Rubin, ehemals TsKB-18, auf der Grundlage technisch-taktischer Forderungen von 1974. Dabei gab es die *Granay* für die sowjetische Marine und die *Warschawjanka* für den Export.

Das erste Boot, in der Komsomolsk-Werft am Fluss Amur im Fernen Osten gebaut, wurde im September 1980 vom Stapel gelassen und achtzehn Monate später in Dienst gestellt. Produziert wurde auch in Gorkij (Nischnij Nowgorod) und Leningrad (St. Petersburg). Heute ist die Produktion in der Marinewerft St. Petersburg zusammengefasst.

Beim Projekt 877 wurde das neue Konzept des „zweiten Kapitäns" eingeführt, bei dem ein einzelner Zentralcomputer die Feuerleitung und Steuerung automatisch übernahm. Die meisten Funktionen werden von einer zentralen Schalttafel überwacht, wobei Feuerleitdaten erstmals automatisch eingegeben wurden. Auch das Tauchen, die Maschinenkontrolle und sogar das Laden der Waffen wurden automatisiert. Bei westlichen U-Booten ist das inzwischen üblich, für die Russen jedoch war es ein großer technischer Fortschritt. Die Besatzung von 52 Mann ist sehr klein für ein so großes U-Boot. Daneben wurde ein Boot ähnlich der *Albacore* mit schwimmend gelagerten Haupt- und Hilfsmaschinen entwickelt. Im Gegensatz zu früheren sowjetischen U-Booten wurde hierbei mehr Wert auf die Unterwasserleistung gelegt.

In seiner Grundform hat das Projekt 877 vier innere nachladbare Torpedorohre und zwei außen liegende. Die Exportvariante 877E hatte sechs innere 533-mm-Abschussrohre, jedoch nicht für drahtgelenkte Torpedos. Die sowjetische Version 877M hat nur vier innere Rohre, aus denen auch drahtgelenkte Torpedos gestartet werden können. Das Projekt 877EM hat sechs innere Rohre, davon zwei für drahtgelenkte Torpedos. Diese

UNTEN: Ein sowjetisches U-Boot der „Tango"-Klasse aus dem Projekt 641 BUKI im Juni 1985 vor den Shetland-Inseln. Diese U-Boote wurden aus „Foxtrott"-Teilen und überzähligen „Juliett"-Rümpfen zusammengesetzt.

U-Boot-Familie wurde immer weiter verbessert, u. a. durch ein neues Kampfsystem. Das Projekt 636 ist etwas länger und hat eine stärkere Klimaanlage sowie bessere Unterkünfte. Das Projekt 877 wurde an sechs andere Marinen ausgeliefert, befreundete Staaten eingeschlossen. Insgesamt wurden 24 Exemplare für die sowjetische bzw. russische Marine und 18 für den Export gebaut.

Das Projekt 1650 von Rubin gilt als abgespeckte Version der „Kilo". Auch hier gibt es die *Amur* für die russische Marine und die *Lada* für den Export. In der russischen Presse wurde berichtet, dass im Dezember 1997 zwei Boote in der Marinewerft aufgelegt wurden, eines für die russische Marine, das andere für einen unbekannten ausländischen Käufer. Die Kosten liegen jeweils etwa bei 300 Millionen US-Dollar. Die Auslieferung ist für 2000 bzw. 2001 geplant. Nach amerikanischen Quellen soll das Projekt 1650 an der Oberfläche nicht mehr als 1400 t verdrängen und noch weiter automatisiert sein als das Modell 877. Der Diesel soll einen Wechselstromgenerator betreiben, der die Batterie durch einen Spannungswandler in Halbleiterbauweise auflädt, eine ziemlich kompakte Antriebsanlage. Die Bewaffnung besteht aus sechs Rohren und achtzehn Torpedos. Die Anzahl der Besatzungsmitglieder beträgt nur 45 Mann.

LINKS: Die HMS *Sealion*, eines von acht U-Booten der „Porpoise"-Klasse, wurde in den 50er Jahren auf der Grundlage des deutschen Typs XXI gebaut. Bewaffnet ist sie mit Torpedos Mk 8 und Mk 20.

ANDERE MARINEN

Die chinesische Marine wurde aufgefordert, ihre U-Boot-Flotte aufzubauen. Zunächst gab es Material für den Zusammenbau vor Ort, später wurden die Pläne für die „Romeo" übergeben. Dafür half China wiederum Nordkorea, eine U-Boot-Flotte aufzubauen.

Die Royal Navy entwickelte in den fünfziger Jahren die erfolgreiche „Porpoise"-Klasse und die verbesserte „Oberon"-Klasse. Die „Oberon" war zu ihrer Zeit sehr erfolgreich. Sie wurde nach Australien, Brasilien, Kanada und Chile exportiert. Das verblüffendste Merkmal war ihr lautloser Betrieb. Die Royal Navy rangierte ihre dreizehn U-Boote erst Anfang der neunziger Jahre aus. Großbritanniens größter Konkurrent beim U-Boot-Export war Frankreich. Es verkaufte die kleinere „Daphné" nach Pakistan, Portugal, Südafrika und Spanien. Danach wurde die „Agosta" der französischen Marine an Pakistan und Spanien verkauft.

In den sechziger Jahren und zwischen 1970 und 1974 beschaffte sich die indische Marine acht SSK vom Typ Projekt 641 „Foxtrott" in der Sowjetunion. Dadurch erlangte Indien den Status einer regionalen Supermacht. Anfang der achtziger Jahre kamen noch vier U-Boote des Ingenieurkontors Lübeck (IKL) vom Typ 1500 dazu. Zwei davon wurden bei HDW in Kiel gebaut, die anderen beiden als „Shishumar"-Klasse bei der Mazagon-Werft in Bombay. Mangels einheimischer industrieller Kapazitäten gab es große Verzögerungen. HDW

UNTEN: Die französische *La Praya* ist eines von vier U-Booten der „Agosta"-Klasse aus den 70er Jahren. Diese Boote wurden auch nach Spanien und Pakistan exportiert.

musste deshalb fast sämtliches Material importieren. Da es keine Experten vor Ort gab, dauerte der Bau der *Shalki* acht Jahre, sodass das Programm schließlich gestoppt wurde. Statt dessen wurden seit Mitte der achtziger Jahre von den Russen neun U-Boote des Projekts 877EM „Kilo" als „Sindhugosh"-Klasse gekauft. Ein zehntes ist noch auszuliefern. Das neueste Boot, die *Sindhurakshak,* war im Januar 1998 auf dem Weg vom Baltikum nach Indien.

Das benachbarte Pakistan stand immer im Schatten von Indien. Die kleine Marine arbeitete jedoch hart, um mit Neu Delhi Schritt zu halten. 1964 übergab die US Navy die *Diabolo* (SS-479) aus der ehemaligen „Tench"-Klasse für Schulungszwecke. 1967 wurde das erste von vier U-Booten der „Daphné"-Klasse in Frankreich bestellt. Die PNS *Hangor* machte sich schnell bezahlt, denn der indisch-pakistanische Krieg brach im Jahr ihrer Indienststellung aus. Sie versenkte am 9. Dezember 1971 die Fregatte *Khukri* mit einem Torpedo. Die Inder hingegen hatten bereits die *Ghazi* versenkt, als sie versucht hatte, den Flugzeugträger INS *Vikrant* zu versenken. 1975 wurde als Ersatz für die „Daphné" die *Cachalote* von der finanziell angeschlagenen portugiesischen Marine gekauft und in *Ghazi* umbenannt. Drei Jahre später, als Frankreich sich wegen eines UN-Embargos weigerte, zwei Boote der „Agosta"-Klasse an Südafrika auszuliefern, übernahm Pakistan sofort den Vertrag. Die Boote wurden in *Hashmat* (ehemals SAS *Astrant*) und *Hurmat* (ehemals SAS *Adventurous*), umbenannt.

1994 wurden drei Boote vom Typ Agosta-90B bestellt. Trotz ähnlicher Bezeichnung unterscheiden sie sich von ihren Vorgängern: durch die größere Tauchtiefe dank der Verwendung höherwertigen Stahls und das moderne Kampfsystem SUBTICS. Das erste Boot wurde 1995 in Cherbourg aufgelegt und soll 1999 ausgeliefert werden. Das Material für das zweite U-Boot wurde unter französischer Aufsicht nach Karachi gebracht. In das dritte Boot wird ein „Acht-Meter-Stecker" für ein 200 kW starkes MESMA-AIP-System eingebaut. Die früheren Boote werden auch auf diesen Stand gebracht. Sie werden mit französischen Flugkörpern SM-39 Exocet und Torpedos F-17 bewaffnet sein.

Unter Einhaltung bestimmter Auflagen durfte die Bundesmarine ab 1955 eine U-Boot-Flotte aufbauen. Zunächst wurden zwei Küsten-U-Boote vom Typ XXIII und ein Boot vom Typ XXI gehoben. Sie wurden repariert und als *Hai* und *Hecht* (Typ 240) und *Wilhelm Bauer* (Typ 241) wieder in Dienst gestellt. Darauf folgten das 400-t-Boot vom Typ 205 und das kleinere 100-t-Boot vom Typ 201. Diese Arbeit wurde dem

UNTEN: Die pakistanische *Hurmat* ist eines von zwei französischen „Agosta"-U-Booten, die in den 70er Jahren für Südafrika gebaut wurden, dann aber aus politischen Gründen nach Asien verkauft wurden.

Ingenieurkontor Lübeck anvertraut, das der ehemalige U-Boot-Konstrukteur Dr. Ulrich Gabler gegründet hatte. Der Typ 205 (*U 1, U 2* und *U 4–12*) war das erste einsatzbereite U-Boot der Bundesmarine. Es folgten 18 Boote des Typs 206 (*U 13–30*). Das IKL konnte den Typ 205 nach Dänemark und den Typ 207 nach Norwegen exportieren.

Der größte Erfolg war jedoch die Reihe Typ 209. Seit den frühen siebziger Jahren wurden diese 1100–1400-t-Boote für Argentinien, Brasilien, Chile, Kolumbien, Ecuador, Griechenland, Indonesien, Peru, Südkorea, Türkei und Venezuela gebaut. Der größere Typ 1500 wurde als „Shishumar"-Klasse an Indien verkauft. Diese Boote wurden alle bei HDW in Kiel gebaut. Die Bestellungen der Bundesmarine wurden mit den

OBEN: Ein unidentifiziertes IKL Typ 209/1200 während der Erprobung. Dieses kleine U-Boot war außergewöhnlich erfolgreich und wird in Südkorea auch heute noch gebaut.

Thyssen-Nordseewerken in Emden geteilt, die in den späten siebziger Jahren die TR 1700 an Argentinien verkaufen konnten.

ARGENTINIEN UND DER FALKLANDKRIEG

Wie Brasilien und Chile hatte auch Argentinien vor dem Zweiten Weltkrieg U-Boote im Einsatz. Als der Falklandkrieg im April 1982 ausbrach, bestand die U-Boot-Flotte aber nur noch aus einer seetüchtigen ehemaligen „Balao", der *Santa Fé* (vorher USS *Catfish*), ihrer nicht seetüchtigen Schwester *Santiago del Estero* (vorher

USS *Chivo*) und einem von zwei Booten des Typs 209/1200, die in Argentinien mit technischer Hilfe von HDW gebaut worden waren.

Die *Santa Fé* ging früh verloren. Sie wurde am 25. April 1982 von britischen Marinehubschraubern entdeckt, als sie versuchte, Munition und Vorräte zu der kleinen Garnison auf der Insel South Georgia zu bringen. Sie wurde von Panzerabwehrflugkörpern AS 12 getroffen und schwer beschädigt. Nachdem sie gestrandet war, hat sich die Besatzung ergeben. Die ausgeschlachtete *Santiago del Estero* spielte nur eine passive Rolle. Sie wurde von Ort zu Ort geschleppt, in der Hoffnung, die Briten würden annehmen, sie sei noch im Dienst. Nur ein Boot vom Typ 209, die *San Luis*, war seetüchtig, da ihre Schwester *Salta* schnell wegen Maschinenschadens außer Betrieb war.

Nach dem Krieg wurde viel über die *San Luis* geredet, weil sie die U-Bootabwehr des britischen Einsatzverbandes mit Leichtigkeit durchbrochen hatte. Ihr war nur deshalb kein Erfolg vergönnt, weil die Torpedos versagten bzw. das Kampfsystem unter Wartungsproblemen litt. Die Reaktion der deutschen Torpedohersteller war verständlich. Jede Andeutung, dass ihre Torpedos „Blindgänger" seien, war schlecht fürs Geschäft. Die Behauptung, drei Treffer auf dem Träger HMS *Invincible* gelandet zu haben, lässt sich nicht halten. Nicht einmal der Kapitän der *San Luis*, Azcueta, behauptet, dass er den Träger gesichtet hat. Er berichtet nur, dass er drei Torpedos abgeschossen hat, zwei schwere SUT, und zwar jeweils einen gegen einen Zerstörer und eine Fregatte sowie einen Mk 37 gegen ein U-Boot. Keiner von ihnen hat getroffen, denn die argentinische Marine

UNTEN: Um die Araber nicht zu verärgern, trafen IKL und HDW eine Lizenzvereinbarung mit Vickers über den Bau des Typs 206 in der Version 540 für die israelische Marine.

GAL

Länge: 45 m
Durchmesser: 4,7 m
Antrieb: Dieselelektrischer Motor mit einer Welle
Geschwindigkeit: 11/17 Knoten (über/unter Wasser)
Bewaffnung: Acht 53-cm-Torpedorohre
Besatzung: 22 Mann

war von dem Ruf der U-Bootabwehr der Royal Navy so eingeschüchtert, dass die *San Luis* ihre Torpedos aus zu großer Entfernung abfeuerte. Außerdem benutzte sie nur passive Peilgeräte, um die Entfernung abzuschätzen.

DER MARKT FÜR KONVENTIONELLE U-BOOTE

Viele veraltete amerikanische U-Boote wurden an befreundete Marinen übergeben, überwiegend GUPPY II und in letzter Zeit auch GUPPY III und Tang-Boote. Der Nachschub an älteren Booten ließ jedoch schließlich nach. Als Großbritannien und Frankreich wie die USA mehr Geld denn je in Atom-U-Boote steckten, suchten sich die Kunden andere Anbieter für konventionelle U-Boote.

OBEN: Die Bundesmarine baute in den 70er Jahren 18 U-Boote vom Typ 106, von denen 12 in modernisierter Form als 206A noch im Dienst sind. Das Schiffskennzeichen mit dem „S" hat keinen Zusammenhang mit der Seriennummer.

China offerierte seine „Romeos" zu Freundschaftspreisen. Der einzige Kunde für diese überholten Boote war Ägypten, das in den frühen achtziger Jahren vier Stück kaufte. Dennoch blieb Europa die Hauptquelle für konventionelle U-Boote, da sie außer in der Royal Navy auch in der dänischen, holländischen, französischen, deutschen, griechischen, italienischen, norwegischen, schwedischen, türkischen und jugoslawischen Marine im Dienst waren.

Die Holländer konnten zwei Boote der „Hai-Lung"-

Klasse an Taiwan verkaufen. Als jedoch die *Rotterdamsche Droogdok Maatschappij* (RDM) zwei weitere „Moray"-Modelle bauen sollte, übte China diplomatischen Druck auf die holländische Regierung aus, um den Handel zu stoppen. Kürzlich wurde auch HDW davon abgehalten, IKL-Boote vom Typ 209 an Taiwan zu verkaufen. Die Angst, den chinesischen Markt zu verlieren ist groß. Keine Regierung erlaubte ihren Werften, einen Vertrag mit Taiwan abzuschließen – trotz der Unterstützung der USA für Taiwan.

Die spanische Marine hatte schon seit dem 19. Jahrhundert dank Narciso Montjuriol und Isaac Peral Erfahrungen mit U-Booten. Im Bürgerkrieg wurden jedoch alle einheimischen U-Boot-Werften zerstört. Im Rahmen des Programms der gegenseitigen Verteidigungshilfe übergab das US-Verteidigungsministerium 1959 die *Kraken* (SS-370) aus der ehemaligen „Balao"-Klasse an Spanien. Sie diente als *Almirante Garcia de los Reyes* weitere 23 Jahre. Zwischen 1971 und 1974 wurden vier weitere GUPPY IIA der „Balao"-Klasse abgegeben: die *Cosme Garcia*, ehemals USS *Bang,* die *Isaac Peral,* ehemals USS *Ronquil,* die *Narciso Montjuriol* (i), ehemals USS *Picuda* und die *Narciso Montjuriol* (ii), ehemals USS *Jallao.* Die letzten beiden Boote trugen den gleichen Namen, weil die erste *Narciso Montjuriol* Probleme mit der Maschine hatte und ersetzt werden musste.

TECHNOLOGIETRANSFERABKOMMEN

1966 wurde mit Frankreich ein Technologietransferabkommen unterzeichnet. Das Ergebnis waren vier Boote vom Typ Daphné, die „Delfin"-Klasse, die zwischen 1968 und 1973 in Cartagena mit technischer Hilfe Frankreichs gebaut wurden. Von 1977 bis 1986 baute die Werft in Cartagena vier „Agosta"-Boote, die „Galerna"-Klasse. Weitere Verträge sind wegen Geldmangel und der Unsicherheit über die zukünftige Stärke der U-Boot-Flotte auf Eis gelegt. Statt dessen vereinbarte die staatliche *Empresa Nacional Baz* eine Zusammenarbeit mit DCN in Frankreich, um ein Modell für den Export zu entwickeln. Das Ergebnis ist das 2000-t-Boot *Scorpène.* Die Anteile der Partner liegen bei 40:60. Ende 1997 entschied sich die chilenische Marine, zwei dieser Boote zu kaufen, um ihre älteren „Oberon"-Boote *O'Brien* und *Hyatt* zu ersetzen. Die genauen Details sind noch nicht bekannt, aber die Sonargeräte werden aus Deutschland und das Kampfsystem aus Frankreich kommen. Diese Entscheidung ist eine Niederlage für das deutsche U-Boot-Konsortium, das gern zwei weitere Boote vom Typ 209 verkauft hätte, um die bereits vorhandenen Boote zu ergänzen.

UNTEN: Die indische Marine bestellte 1981 bei HDW zwei IKL-U-Boote vom Typ 1500. Diese Modelle stellen den Höhepunkt und Abschluss der Baureihe 209 dar.

Als HDW seine Erfolge mit dem IKL-Typ 209 hatte, kauften viele Kunden nur zwei Boote. In der Praxis ist das für einen regelmäßigen U-Boot-Betrieb unzureichend. Der Nachrüstungszyklus wird so knapp, dass es unmöglich ist, wenigstens ein U-Boot ständig auf See zu haben. Sogar drei Boote sind noch zu wenig, wie die südafrikanische Marine mit der französischen „Daphné" feststellen musste. Vier U-Boote sind ausreichend, fünf sind besser und sechs sind ideal. Die meisten Marinen haben das inzwischen eingesehen und versuchen jetzt, weitere U-Boote zu kaufen.

Das deutsche U-Boot Konsortium, bestehend aus IKL, HDW TNSW und den Hauptzulieferern, glaubte nach langen und zähen Verhandlungen endlich, zwei weitere Typ 209 an Indonesien verkauft zu haben. 1997 wurde aus heiterem Himmel entschieden, fünf ausgemusterte Boote des Typs 206 von der Bundesmarine zu kaufen. Wegen der Finanzkrise musste Indonesien den Vertrag jedoch wieder stornieren. Dieselben Boote waren bereits Singapur als Teil eines Pakets angeboten worden. Sie sollten bis zur Fertigstellung neuer U-Boote vorübergehend für Schulungszwecke benutzt werden. 1996 kaufte die Marine von Singapur jedoch ein gebrauchtes U-Boot, die *Sjöbjörnen*, von der Schwedischen Marine und später drei weitere Schwesterschiffe.

Wie Singapur wollte auch Südkorea eine U-Boot-Flotte aufstellen. Das Verteidigungsministerium gab sich aber nicht mit Ausbildungsbooten zufrieden, sondern bestellte bei HDW neun Boote vom Typ 209. Das

OBEN: Die SAS *Maria van Riebeeck* ist eines von drei „Daphné"-Modellen, die 1968–71 in Frankreich gebaut wurden. Sie wurden gründlich modernisiert und erhielten auch überholte Torpedos.

erste wurde in Kiel gebaut. Der Rest wird jedoch bei Daewoo in Okpo gefertigt. Ein Technologietransferabkommen mit HDW stellt sicher, dass die nächste Generation, ein hochseetüchtiges 3000-t-Modell, möglicherweise mit einem AIP-System, bei Daewoo gebaut wird.

DIE ÜBERLEGENE JAPANISCHE FLOTTE

Japans Marine hat eine der am besten ausgestatteten und größten U-Boot-Flotten der Welt. Mitte der fünfziger Jahre lieh ihr die US Navy die dreizehn Jahre alte *Mingo* (SS-261) aus der „Gato"-Klasse, die in *Kuroshio* (SS-501) umbenannt wurde. Sie sollte eine neue Generation von U-Boot-Experten heranbilden. Als sie der US Navy zurückgegeben wurde, war das erste einheimische Modell, die *Oyashio* (SS-511), bereits bei Kawasaki in Kobe gebaut worden. Abgesehen vom Schnorchel war es eine ziemlich schlichte Konstruktion. Sie hatte nur vier Torpedorohre und verdrängte unter Wasser lediglich 1400 t. Vier noch kleinere U-Boote folgten: Die Klassen „Hayashio" (SS-521) und „Natsushio" (SS-523). Sie verdrängten unter Wasser nur 900 t und waren mit nur drei Torpedorohren bewaffnet.

Das erste große U-Boot entstand erst in den sechzi-

Oben: Zwei U-Boote vom Typ 206A 1995 in Kiel. 1971–74 wurden 18 Stück gebaut und mit drahtgelenkten Torpedos DM2A1 Seeschlange sowie mit dem Bugsonar DBQS-21D ausgerüstet.

ger Jahren. Die *Oshio* (SS-561) hatte sechs Bugtorpedorohre und zwei Heckrohre. Mit technischer Unterstützung der US Navy entstand in den siebziger Jahren ein neues Modell mit tropfenförmigem Druckkörper und vielen Merkmalen der *Barbel*. Es handelte sich um die sieben Boote der „Uzushio"-Klasse (SS-566). Sie hatten Tiefenruder am Turm, eine Tauchtiefe von 200 Metern, eine separate Hochdrucknotausblasanlage und eine dreidimensionale automatische Steuerung. Die größeren 2250-t-Boote der „Yushio"-Klasse (SS-573) waren ähnlich, erreichten aber durch besseren Stahl eine höhere Tauchtiefe von 275 Metern. Die japanische Marine nutzte ihre alten Boote für die Ausbildung, sobald Ersatz aus der Werft kam. Dadurch konnte das Durchschnittsalter der Druckkörper niedrig gehalten werden, was für U-Boote besonders wichtig ist. Außerdem sind so immer relativ moderne Reserveboote für den Notfall vorhanden.

Die aktuelle „Harushio"-Klasse (SS-583) gehört zu den stärksten konventionellen U-Booten der Welt. Sie ist mit Flugkörpern Sub Harpoon, zwölf japanischen Schwergewichtstorpedos vom Typ 89 und acht leichten Torpedos vom Typ 80 für Unterwasserziele bewaffnet. Das neueste Boot, die *Oyashio* (SS-590) verdrängt unter Wasser 3000 t. Die Form ihres Druckkörpers zeigt, dass die „Barbel" nicht mehr Pate gestanden hat.

PROBLEME BEI DER CHINESISCHEN MARINE

Viele Jahre lang hat die Marine der chinesischen Volksbefreiungsarmee eine große Flotte von konventionellen U-Booten gehabt, angefangen mit einigen Booten der Klassen „M", „Schtsch", „Whiskey" und „Romeo". Wie bei der sowjetischen Marine waren auch hier nie alle Boote voll einsatzfähig. In den sechziger Jahren begannen die chinesischen Werften, eigene „Romeos" zu bauen, und selbst 1995 waren noch 70 Boote im Dienst. Mit einem ähnlichen Modell, der „Ming“ (Projekt 035), wurde in den siebziger Jahren begonnen. Danach wurde eine verbesserte Variante mit deutschen Maschinen und französischer Feuerleitanlage gebaut. 1994/95 wurde ein neues Modell, das Projekt 039 „Song“, im Meer erprobt. Laut chinesischen Berichten ist das U-Boot mit Marschflugkörpern bewaffnet, angeblich eine rohrgestartete Variante des Seezielflugkörpers Ying-ji 8-2. Im Sommer 1997 war das U-Boot immer noch nicht einsatzbereit, und die Produktion der „Ming“-Boote lief weiter. Das lässt darauf schließen, dass die chinesische Marine das neue U-Boot vor der Serienproduktion erst ausgiebig erproben will.

Viele Probleme der chinesischen Marine gehen auf den Bruch mit der Sowjetunion in den sechziger Jahren zurück. Die Beziehungen haben sich allerdings inzwischen so weit gebessert, dass China Boote vom Projekt 877 „Kilo“ und vom verbesserten Projekt 636 gekauft hat. Mitte 1993 wurden zwei Boote des Projekts 877 EKM bestellt, von denen das erste im Februar 1995 und das zweite neun Monate später ausgeliefert wurde.

Berichten zufolge wurden diese Boote ursprünglich von einem Mitglied des Warschauer Paktes, entweder Polen oder der damaligen DDR, bestellt. Das nächste Paar waren neue Boote des Projekts 636, der Export-Variante des Projekts 877 mit „westlicher“ Ausstattung. Das erste U-Boot wurde im November 1997 an China übergeben, das zweite soll 1998 folgen. Diese vier U-Boote stellen eine wichtige Verbesserung für die chinesische Marine dar, die jahrelang ihre Ressourcen für veraltete Konstruktionen verschwendet hat. Die große Frage ist jetzt, ob die U-Boote des Projekts 636 unter Lizenz von chinesischen Werften gebaut werden.

DIE DEUTSCHE MARINE

Im Juli 1994 bestellte die Bundesmarine schließlich vier konventionelle U-Boote vom Typ 212. Ein bescheidener Anfang, um ein Dutzend Boote vom Typ 296A zu ersetzen. Der Verteidigungsetat ist ja seit dem Ende des Kalten Krieges erheblich gesunken. Wegen der hohen Kosten kann die Finanzierung für weitere U-Boote viel später als erhofft erfolgen. Die Marine war jedoch nicht bereit, Kompromisse einzugehen. Sie wollte ein U-Boot nach dem neuesten Stand der Technik. Der Arbeitsgruppe, die u. a. aus HDW und TNSW bestand, hatte die schwierige Aufgabe, das Boot mit einem AIP-System, geringen magnetischen und akustischen Signaturen

UNTEN: Die niederländische Marine erhielt Informationen über die „Barbel“-Klasse der US Navy, als sie die *Zwaardvis* (hier im August 1995) und die *Zeeleeuw* bestellte.

ZEELEEUW

Länge: 67,7 m
Durchmesser: 8,4 m
Antrieb: Dieselelektrischer Motor mit einer Welle
Geschwindigkeit: 13/20 Knoten (über/unter Wasser)
Bewaffnung: Vier 53-cm-Torpedorohre, Seezielflugkörper Sub Harpoon
Besatzung: 52 Mann

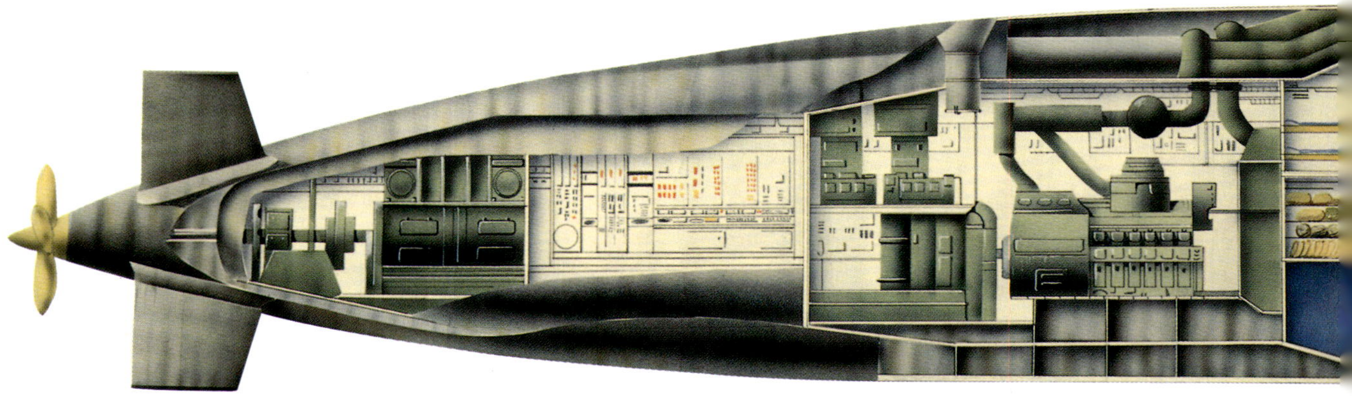

OBEN: Die aktuellen U-Boote der niederländischen Marine gehören zur „Walrus"-Klasse. Die *Zeeleeuw* und ihre drei Schwesterschiffe verfügen über Torpedos und Flugkörper.

sowie einer Reihe von fortschrittlichen Technologien zu versehen.

Das Ergebnis ist ein U-Boot mit einer Unterwasserverdrängung von 1800 t, das von einem MTU-Diesel und einem Dauermagnetmotor auf eine Unterwassergeschwindigkeit von 20 Knoten gebracht wird. Neben sechs Abschussrohren für Schwergewichtstorpedos DM2A4 Seehecht sowie 18 Torpedos können in einem äußeren „Gürtel" Minen mitgeführt werden. Wie bei vielen früheren deutschen U-Booten besteht der Druckkörper aus austenitischem Stahl, um die Anfälligkeit gegenüber magnetischen Minen zu verringern. Das Modell soll auch an die Forderungen der italienischen Marine angepasst werden, d. h. mit einem italienischen Kampfsystem anstelle des norwegischen MSI-90U. Viele Merkmale sind auch in der israelischen „Dolphin"-Klasse zu finden.

Das deutsche U-Boot-Konsortium möchte den Typ 212 als Basis für ein „Euro-U-Boot" benutzen, um durch gemeinsame Systeme und Waffen viel Geld zu sparen. Das einzige Haar in der Suppe ist die Entscheidung Frankreichs, den Bau konventioneller U-Boote einzustellen.

Die Geschichte des israelischen U-Boots zeigt, was passieren kann, wenn industrielles Know-how verloren geht. Das israelische Verteidigungsministerium wollte amerikanische Militärhilfe in Form von U-Booten. Aufgrund der US-Vorschriften für den Verkauf und die Finanzierung von Wehrmaterial kommt nur ein amerikanischer Auftragnehmer in Frage. Wegen der Beschränkung der US Navy auf Atom-U-Boote blieben nur noch Newport News und Electric Boat übrig. Keiner von beiden hatte jedoch ausreichende Erfahrung. Die israelischen Bestellungen wurden daher an HDW abgegeben. Das US-Verteidigungsministerium musste Israel eine Ausnahmegenehmigung erteilen. So sind die einzigen amerikanischen Teile in der *Dolphin, Dakar* und *Leviathan* das Kampfsystem, die Seezielflugkörper und die Torpedos NT-37F. Die Konstruktion ähnelt stark dem Typ 212. Sie hat zwar kein AIP-System mit Brennstoffzellen, aber dafür vier weitere externe Abschussrohre für UGM-84C Sub Harpoon.

SKANDINAVIEN – „U-BOOT 2000"

Auf Gemeinsamkeiten baut auch das Viking-Projekt der schwedischen Marine. Seit einigen Jahren überprüft die

Marine mit der Firma Kockum Konzepte für das „U-Boot 2000". In den letzten beiden Jahren regte das kostenbewusste Materialkommando an, die einmaligen Kosten mit Dänemark, Norwegen und Finnland zu teilen. Leiter des Projekts wäre die schwedische Marine. Allen Partnern wäre es erlaubt, vom Standard abzuweichen, insbesondere bei der Elektronik, um auf diesem Gebiet die jeweiligen nationalen Industrien zu beteiligen. Obwohl Finnland seit dem Zweiten Weltkrieg kein U-Boot mehr im Betrieb hat, wurde es eingeladen, sich am Viking-Projekt zu beteiligen. Die Finnen haben derzeit einen Beobachterstatus, während ein dänisch-schwedisch-norwegisches Komitee bereits an den Details des Projektes arbeitet.

EINZIGARTIGE BEITRÄGE DER NIEDERLANDE

Die niederländische Marine hat einige einzigartige Beiträge zum U-Boot-Bau geleistet, wie z. B. den Schnorchel. Diese Tradition wurde nach 1945 fortgesetzt. Die zwischen 1954 und 1966 gebaute „Dolfijn"-Klasse erhielt einen einzigartigen Dreifachdruckkörper auf der Grundlage von Zylindern. Der obere Zylinder beherbergte die Besatzung, die Kontrollräume und die Waffen. In den zwei unteren Zylindern befanden sich die Dieselgeneratoren, die elektrischen Motoren und die Batterien. Das einzige noch existierende Boot, die HNIMS *Zeehond,* wurde 1990 von RHEUM als Versuchsträger für das AIP-System Spectre gekauft. Die zwei Boote der „Zwaardvis"-Klasse (1966–1972) basierten auf der „Barbel". Die 2450-t-„Walrus"-Klasse, zwischen 1979 und 1994 gebaut, sollte eigentlich nur eine verbesserte Variante werden. Am Ende kam jedoch ein völlig neues Modell heraus. Die Tauchtiefe wurde auf 300 Meter erhöht. Andere fortschrittliche Eigenschaften, wie z. B. die x-förmigen Ruder, führten zu hohen Kostenüberschreitungen. Außerdem soll die *Walrus* die Karrieren dreier Admirale ruiniert haben, bevor sie 1985 vom Stapel gelassen wurde. Zehn Monate später brach ein schweres Feuer aus, während sie in der RDM Werft ausgerüstet wurde. Es verformte den Druckkörper und zerstörte das Kampfsystem vollständig. Sie wurde wieder aufgebaut und drei Jahre später erneut vom Stapel gelassen. Seitdem haben sich diese Boote als leistungsfähig erwiesen, es gab kein weiteres Unglück. Doch hat die niederländische Marine ihre U-Boot-Flotte auf vier Boote beschränkt. Infolgedessen hat RDM seinen Vorsprung im Exportmarkt verloren. Es gab einmal die Hoffnung, der Marine zwei 1800-t-Boote vom Typ „Moray" zu verkaufen, um die Entwicklung zu finanzieren. Die Weigerung der niederländischen Regierung, den Verkauf der „Moray" an Taiwan zu erlauben, scheint die letzte Chance der Werft gewesen zu sein. Ein Versuch, Boote der „Zwaardvis"-Klasse zu verkaufen, schlug ebenfalls fehl.

ITALIEN MUSS IMPORTIEREN

Die italienische Marine baute in den frühen sechziger Jahren die vier kleinen „Enrico-Toti"-Boote. Davor hatte sie neun ehemalige Boote der US Navy im Betrieb. Ungefähr zehn Jahre später begannen die Arbeiten an einer neuen Klasse, die auf der allgegenwärtigen „Barbel" basierte. Der „Nazario Sauro" folgten zwei Klassen, bei denen erhebliche Verbesserungen vorgenommen wurden, je zwei Boote der Klassen „Salvatore Pelosi" und „Primo Longobardo", alle zwischen 1986 und 1995 gebaut. Pläne für das neue Modell S 90 wurden wegen finanzieller Probleme immer wieder hinausgeschoben. Schließlich gab die italienische Marine auf und kündigte 1995 an, dass sie Verhandlungen mit dem deutschen U-Boot-Konsortium über den Kauf des Typ 212 führte. Auf absehbare Zeit hat Italien seine Fähigkeit zum U-Boot-Bau verloren, obwohl die italienische Industrie nach wie vor in der Lage ist, Ausrüstungsteile wie z. B. Kampfsysteme und Torpedos herzustellen.

Obwohl viele Experten kleine konventionelle U-Boote mit einer Überwasserverdrängung von unter 1500 t bevorzugen, geht der Trend zu großen Booten von 2000 bis 3000 t. Der Grund liegt in der Notwendigkeit einer starken Bewaffnung, die wiederum ein großes Kampfsystem und viele Sensoren erfordert. Elektronische Geräte müssen mit Luft oder Wasser gekühlt werden, und die Untersysteme benötigen ebenfalls Strom. Arbeitskräfte sind teuer, deshalb spielt die Automatisierung eine große Rolle bei der Reduzierung der Betriebskosten. Der Ausstoß von Wasserstoff aus den Batterien und die Temperatur in jeder Zelle müssen ständig überwacht werden, manuell oder automatisch.

DIE ROYAL NAVY BAUT KONVENTIONELLE U-BOOTE

Die Absicht der Royal Navy, eine rein nukleare U-Boot-Flotte aufzustellen, ließ sich nicht halten. Ende der achtziger Jahre wurde die konventionelle „Upholder"-Klasse von *Vickers Shipbuilding & Engineering Ltd.* (VSEL) gebaut. Diese vier großen 2400-t-Boote sollten zwei Aufgaben gleichzeitig erfüllen, nämlich die Ausbildung und die Überwachung der nördlichen Gewässer, dafür war eine gewisse Fahrstrecke erforderlich. Bewaffnet waren sie mit 18 Torpedos und Flugkörpern. Leider entfiel mit dem Ende des Kalten Krieges die Überwachung, sodass diese hochwertigen Boote im Rahmen der allgemeinen Sparmaßnahmen außer Dienst gestellt wurden. Alle Bemühungen, sie zu verkaufen, waren bisher erfolglos. Die Boote liegen zur Zeit in der VSEL-Werft in Barrow-in-Furness. Auch die französische Marine war gezwungen, sich zwischen Atom-U-Booten und konventionellen Modellen zu entscheiden. Ihre vier Boote der „*Agosta*"-Klasse werden am Ende des Jahrhunderts außer Dienst gestellt.

Der entscheidende Fortschritt bei den neueren konventionellen U-Booten ist die Entwicklung funktionsfähiger AIP-Systeme. Die Bedrohung durch Patrouillenflugzeuge ist so groß, dass ein U-Boot es sich in feindlichen Gebieten (z. B. der nördlichen Nordsee oder im Mittelmeer) nicht leisten kann, seinen Schnorchel länger als zwanzig Minuten auszufahren. Die Phase der Schwerortbarkeit, d. h. die Zeit zwischen den Batterieaufladungen, muss verlängert werden, wenn das U-Boot seinen Vorteil wieder erlangen will. Das AIP-System soll die Batterien entlasten, indem es die Systeme wie Klimaanlage, Warmwasser und andere Verbraucher mit Strom versorgt, sodass die Batterien für den Notfall noch voll geladen sind.

DAS AIP-SYSTEM

Während des Zweiten Weltkriegs hat die Kriegsmarine mit einem Kreislaufdiesel als Alternative zur Perhydrol-Turbine von Walter experimentiert. Nach dem Krieg haben die Amerikaner und die Briten mit Perhydrol experimentiert, während die Russen von dem Kreislaufsystem mehr beeindruckt waren. Sie entwickelten mit diesem System sogar das Projekt 615, die Küsten-U-Boote der „Quebec"-Klasse. Was die Russen ein einfaches Antriebssystem nannten, wurde unter Wasser von einem Vorrat an Flüssigsauerstoff angetrieben. Der Sauerstoff wurde hinzugegeben, nachdem die Abgase durch einen chemischen Absorber auf Kalkbasis gefiltert worden waren. Das Boot konnte seinen Kreislaufdiesel auch normal mit Schnorchel betreiben.

Die „Quebec" hatte drei Motoren: einen 900-PS-Diesel 32D für die mittlere Welle und zwei 700-PS-Diesel M-50P für die äußeren Wellen. Zusätzlich wurde ein 100-PS-Schleichmotor an die mittlere Welle angekoppelt und ein Hilfsdieselgenerator hinten angebracht. Das Boot konnte bei geringer Geschwindigkeit allein mit dem mittleren Diesel fahren. Laut sowjetischen Berichten sollen die Experimente bereits vor 1941 mit dem kleinen Küsten-U-Boot *M 92* begonnen haben. Auch nach der „Quebec" wurden noch Kreislaufmodelle entwickelt. Da Flüssigsauerstoff nur für kurze Zeit gelagert werden kann, konnten diese 460-t-Boote nur in der Nähe eines Stützpunkts operieren. Das System war außerdem gefährlich. Wenigstens sieben U-Boote explodierten, und eines davon, die *M 256,* sank bei den Feuerlöscharbeiten. Ein Boot wurde mit dem Walter-Turbinen-AIP-System gebaut. Dieses 950-t-Boot war

OBEN: Die HMS *Upholder*, hier im August 1991 in Portsmouth, sollte zu einer Klasse von ursprünglich zehn U-Booten gehören. Vier wurden gebaut und an Kanada vermietet.

die *S 99* aus dem Projekt 617 („Whale"). Zwischen 1956 und 1959 machte sie 315 Tauchgänge mit ihrem Walter-System. Im Mai 1959 wurde sie durch eine Explosion schwer beschädigt und niemals repariert. Nachdem diese Boote Anfang der sechziger Jahre außer Dienst gestellt worden waren, ließ das Interesse am AIP nach. Vor kurzem teilte jedoch das Rubin-Büro mit, dass es ein AIP-System für den neuen U-Boot-Typ „Amur" anbieten kann. Aus den veröffentlichten Informationen geht hervor, dass es sich um ein System mit Brennstoffzellen handelt.

Das bisher erfolgreichste AIP-System ist der Stirling-Motor. Entwickelt nach einem Patent aus dem Jahr 1816, wird beim Stirling-Kreislauf Dieselkraftstoff in einem Druckbehälter zu reinem Sauerstoff verbrannt. Die schwedischen U-Boot-Bauer Kockums AB in Malmö besitzen die Rechte am Stirling-Motor. Sie haben den 75-kW-Motor V4-275R in dem U-Boot *Nacken* erprobt, wo er sich durchaus bewährt hat. Er hat weniger Vibrationen als ein herkömmlicher Dieselgenerator und einen beträchtlich niedrigeren Geräuschpegel. Es ist tatsächlich möglich, sich neben dem laufenden Motor zu unterhalten. So wurde die „Gotland"-Klasse vom Typ A 19 von vornherein mit dem Stirling-Motor ausgestattet. Das System wurde auch von anderen Marinen begutachtet. Die Gerüchte, dass es U-Boote gibt, die ausschließlich mit vier Stirling-Motoren laufen, kontert Kockum mit dem Argument, dass die benötigte Menge an Flüssigsauerstoff gar nicht in das U-Boot passen würde.

Die deutsche Marine hingegen unterstützte Siemens und HDW bei der Entwicklung einer Brennstoffzelle mit Protonenaustauschmembran, die 40 kW erzeugen kann. Wie beim Stirling-Prinzip ist die Idee dazu schon alt. Sie stammt aus dem Jahr 1839. Im wesentlichen kehrt eine Brennstoffzelle den Prozess der Elektrolyse um. Mit Hilfe einer chemischen Reaktion wird Wasserstoff mit Sauerstoff verbunden, wobei elektrische Energie, Hitze und Wasser entstehen. Das Herz des PEM-Systems ist ein polymerer Feststoffelektrolyt in der Form eines Ionenaustauschers in Verbindung mit einem Platin-Katalysator und Kohlepapierelektroden. Die Membran ist so zwischen dem Strömungsfeld und den Kühleinheiten angeordnet, dass Wasserstoffionen passieren können und sich dann mit Wasserstoffanionen verbinden. Solange Wasserstoff und Sauerstoff vorhanden sind, produziert die Brennstoffzelle Strom.

Eine einzelne Zelle kann nicht mehr als 1,48 V produzieren. Daher müssen mehrere Zellen zu einem Modul kombiniert werden. Der größte Nachteil sind die

LINKS: Die HMS *Ursula*, das dritte Boot der „Upholder"-Klasse. Bei der kanadischen Marine erhält sie den US-Torpedo Mk 48 Model 4 und ein kanadisches Schleppsonar.

hohen Materialkosten. Bis jetzt hat HDW das System nicht für den Export angeboten. Die Bundesmarine testete einen 100-kW-Prototyp im *U 1*, einem alten Boot vom Typ 205. Die derzeit im Bau befindlichen Boote vom Typ 212 erhalten die 400-kW-Version.

ANDERE AIP-SYSTEME

Nach den Erprobungen der Brennstoffzellen übernahm TNSW die *U 1* für Versuche mit einem AIP-System mit Kreislaufdiesel (CCD). Der Vorteil dieses Systems ist seine Einfachheit. Das komplizierteste Teil ist das von *Cosworth Engineering* entwickelte Wasseraufnahmesystem. Die Abgase des Motors werden mit Wasser von Kohlendioxid gereinigt, und gleichzeitig wird der Wasserdampf kondensiert. Überschüssiges Kohlendioxyd wird durch Zugabe einer geringen Menge Argongas beseitigt. Beim CCD-System kann derselbe Dieselmotor sowohl für das Schnorcheln als auch für die AIP-Einheit benutzt werden, was die Kosten niedrig hält.

Dieses System wird von TNSW und RDM (als Spectre-System) vermarktet. Die TNSW-Erprobungen mit der *U 1* haben den Vorteil des direkten Vergleichs, da beide Systeme im selben Druckkörper getestet wurden. Das einzige andere vorhandene AIP-System ist das französische MESMA (*Module d'Energie Sous-Marin Autonome*) System, das auf einer von Sauerstoff-Äthanol getriebenen Dampfturbine basiert. Die Idee dazu kam Anfang der achtziger Jahre von Bertin und wurde dann von DCN, dem Entwicklungs- und Beschaffungsamt der französischen Marine, in Zusammenarbeit mit *Empresa Nacional Bazan* in Spanien übernommen. Obwohl die französische Marine kein MESMA-System in ein eigenes U-Boot eingebaut hat, wurde es an Pakistan als Ausrüstung für die neue Agosta-90B verkauft.

Die Hysterie um das AIP-System führte zu völlig übertriebenen Behauptungen. Es wird sogar behauptet, dass mit dem AIP eine dritte U-Boot-Kategorie entstanden sei, das konventionelle U-Boot mit AIP. Tatsache ist jedoch, dass nur eine Marine das moderne AIP-System betreibt. Drei weitere werden das System zu Beginn des neuen Jahrhunderts einführen, wenn man die Beschaffung des Typs 212 durch Italien mitzählt. Viele Nationen mit U-Boot-Erfahrung sind jedoch noch nicht so überzeugt, dass sie sich festlegen wollen.

KÜNFTIGE ENTWICKLUNGEN

Die Befürworter von AIP weisen auf das Entwicklungspotential hin. Das CCD-System ist vielversprechend, vor allem mit Verbesserungen wie der elektronischen Kraftstoffeinspritzung und elektronisch gesteuerten Ventilen. Damit kann der Bediener die passende Motorkennlinie wählen. Die Feststoffoxid-Brennstoffzelle (SOFC) könnte mit Erdgas arbeiten, womit sich ein gemeinsames Antriebssystem für die Überwasserfahrt und die Tauchfahrt realisieren ließe. Siemens arbeitet an einer Brennstoffzelle, die Methanol als Grundlage für die Wasserstoffgewinnung benutzt.

In der Theorie lassen sich alle Waffen und Sensoren von Atom-U-Booten auch in konventionelle U-Boote einbauen. Entscheidend ist jedoch die Größe. Ein großer Innenraum ist erforderlich, um die moderne Elektronik, die Batterien und den Treibstoff unterzubringen, die für eine annehmbare Fahrstrecke benötigt werden. Wie die deutschen U-Boote im Ersten Weltkrieg feststellten, ist die Einsatzdauer auch abhängig vom Munitionsvorrat. Mit der Erhöhung der Anzahl der Sensoren erhöhte sich auch der Bedarf an Strom und Anzeigeta-

OBEN: Die italienische Marine bestellte 1972 vier U-Boote der „Sauro"-Klasse, die auf der „Barbel" basierte. Inzwischen wurden vier weitere modernisierte Versionen gebaut.

feln. Automatisierung allein kann keine Lösung sein, denn ein Minimum an Personal wird benötigt, um mit Schäden und Systemfehlern fertig zu werden. Übermäßiges Verlassen auf die Automatik führt auf langen Patrouillenfahrten zum Ermüden der Besatzung.

Während und nach dem Falklandkrieg verbrachten die britischen „Oberons" 42 Tage auf dem Weg und auf Patrouille, über 14 000 km vom Heimathafen entfernt. Die Belastung der Besatzung nach einer derart langen Fahrt kann man nur aus nächster Nähe beurteilen. Sogar nach dem Ende des Krieges mussten die „Oberons" die argentinischen U-Boote meiden, weil sie nicht wussten, wie sie sich verhalten würden. Das bedeutete, dass die britischen U-Boote sich so verhalten mussten, als seien ihre Gegner feindlich gesinnt, gleichzeitig durften sie aber die Bedrohung nicht beseitigen.

Das Prestige von U-Booten und ihr unbestrittener Wert für die Abschreckung wird in den nächsten zehn Jahren viele Marinen dazu bewegen, sich U-Boote zu kaufen. Die hohen Lebensdauerkosten für Atom-U-Boote und ihre Untauglichkeit für Einsätze in Küstennähe bedeuten jedoch, dass konventionelle U-Boote für viele kleine Marinen die bessere Wahl sind. Der Nachrichtendienst der US Navy sagt voraus, dass viele bündnisfreie oder instabile Länder sich konventionelle U-Boote beschaffen werden. Die Beschaffung dreier „Kilos" seit 1988 durch den Iran löste in Washington fast eine Panik aus, obwohl der Iran wohl nur seine Küstengewässer schützen will. Es ist äußerst beunruhigend, dass sich die Marinen der Koalitionskräfte nicht so frei im nördlichen Golf hätten bewegen können, wenn Saddam Hussein 1991 U-Boote besessen hätte.

VSEL
VSEL
VANGUARD
VSEL
VSEL
VANGUARD
VSEL

KAPITEL 6

Moderne Atom-U-Boote

Das Atom-U-Boot mit seiner überragenden Geschwindigkeit und einer Ausdauer, die nur durch die Lebensmittelvorräte begrenzt wird, ist das Schlachtschiff unserer Tage. Der Fortschritt geht inzwischen nur noch langsam voran, zu den Waffen zählen aber immerhin Unterwasser/Boden-Flugkörper und Marschflugkörper für Landziele.

In den frühen sechziger Jahren war der US Navy unwohl angesichts der immer geringeren Unterwassergeschwindigkeit. Die „Thresher“-Klasse (SSN-593) schaffte noch 28 Knoten, die „Sturgeon“- (SSN-637) und „Narwhal“-Klassen (SSN-671) nur noch 25. Die „Glenard P Lipscomp“ (SSN-685) erreichte nur noch 23 Knoten. Ein US-Atom-U-Boot hätte zwar ein lautes sowjetisches U-Boot aus großer Entfernung orten können, sich aber beeilen müssen, in eine mögliche Schussposition zu kommen. Ein Spielraum von 5 Knoten war das Minimum für ein im Sprint-und-Drift-Betrieb operierendes U-Boot, während es in einer Enge wie der zwischen Grönland, Island und Großbritannien patrouillierte.

LINKS: Die HMS *Vanguard* ist das erste einer neuen Klasse von Atom-U-Booten der Royal Navy. Sie verfügt über ballistische Flugkörper D-5 Trident. Hier läuft sie im März 1992 bei VSEL vom Stapel.

Bei Sprint-und-Drift-Taktiken muss das U-Boot zunächst die Geschwindigkeit verringern, um die Sonargeräte optimal zu nutzen, und dann mit Höchstgeschwindigkeit den vorausberechneten Abfangpunkt erreichen. Das sperrende U-Boot könnte den Sonarkontakt verlieren und dann nur mit hoher Geschwindigkeit die Initiative wieder erlangen. Sollte es vom Geg-

Oben: Die französische *L'Inflexible* war das erste einer neuen Generation strategischer U-Boote. Sie sind zwischen den „Redoutable"- und „Triomphant"-Klassen anzuordnen.

Rechts: Die französische *Triomphant* ist das erste von vier geplanten Atom-U-Booten. Sie und die *Temeraire* haben den Flugkörper M4, der durch den M5 ersetzt wird.

ner zuerst entdeckt werden, könnte es dank einer hohen Unterwassergeschwindigkeit als erstes in die richtige Schussposition gelangen.

Die hohe Geschwindigkeit war auch wichtig für Angriffe auf feindliche U-Boote, die von den weitreichenden Schallortungssystemen geortet wurden. Dort wo die Sowjets die Luftüberlegenheit gehabt hätten, wäre ein Atom-U-Boot die einzig sichere Möglichkeit, feindliche U-Boote anzugreifen. Auch hier könnte ein schneller Spurt einem U-Boot auf Patrouille helfen, Verfolgern zu entkommen. Noch wichtiger waren die Atom-U-Boote allerdings als Geleit für Flugzeugträger. Die Tatsache, dass die sowjetische Marine ihre neuen Atom-U-Boote und Langstrecken-Seezielflugkörper gegen die trägergestützten US-Bomber einsetzen wollte, heizte die Debatte noch weiter an. Die sowjetischen U-Boot-Taktiker wollten die Angriffe vor dem Bug des Flugzeugträgers starten. Dabei brauchte der Angreifer nicht so schnell zu sein wie der Träger. Das sowjetische Meeresüberwachungssystem brachte ihn zu einer geeigneten Position. Bis dahin galten schnelle Träger als immun gegen U-Boot-Angriffe, weil konventionelle U-Boote nur aus sehr begrenzten Entfernungen vor dem Ziel angreifen konnten. Man ging davon aus, dass man U-Booten, die vor dem Träger auf der Lauer lagen, leicht ausweichen konnte.

Ein Geleit-Atom-U-Boot konnte diese Annahme in Frage stellen. Es konnte mit seinem Langstreckensonar vor dem Träger sondieren, dabei zeitweise driften und dann wieder einen Spurt einlegen, um den Träger einzuholen. Die Mindestgeschwindigkeit dafür betrug aber 30 Knoten. Trotz verbreiteter Behauptungen, denen die U-Boot-Waffe nicht widersprach, waren nur sehr wenige Atom-U-Boote so schnell. Sogar die „Skipjacks" schafften gerade eben 30 Knoten. Neu war diese Idee nicht. Die Royal Navy hatte bereits mit der HMS *Dreadnought* experimentiert. Die Ergebnisse wurden der US Navy zur Verfügung gestellt, die schon ähnliche Versuche mit der Einsatzgruppe „Alfa" gemacht hatte.

NEUE ÜBERLEGUNGEN ZU ATOM-U-BOOTEN

Vor diesem Hintergrund schlug Admiral Rickover die Überarbeitung des Reaktors D1G/D2G für Überwasserschiffe vor, der doppelt so stark war wie der SW5. Er dachte an eine Kombination des neuen Reaktors (später S6G), mit dem Bugsonar und dem Waffensystem der

„Sturgeon“ und einem vereinfachten Druckkörper der „Narwhal“. Man verkleinerte den Turmaufbau, um die hydrodynamischen Eigenschaften zu verbessern. Der Preis dafür war jedoch hoch. Die „Sturgeon“-Klasse konnte ihre Tiefenruder am Turm vertikal stellen, um damit dünnes Eis zu brechen. Der Turmaufbau des neuen Atom-U-Boots war jedoch zu niedrig, um die Ruder um 90 ° drehen zu können. Außerdem war das neue Boot viel größer und daher viel teurer. Dennoch hatte es nicht mehr Abschussrohre, nämlich vier Typ Mk 63 seitlich abgewinkelt hinter dem großen Bugsonar. Ein Vorteil des Boots war der größere Innenraum. Dadurch konnten statt 23 nun 26 Schwergewichtstorpedos Mk 48 mitgeführt werden.

Wie bei allen Hochtechnologie-Projekten, ob nun militärisch oder zivil, benötigte man Jahre für die Projektdefinition und die Koordination aller Konstruktionselemente. Bei den detaillierten Entwürfen ab Anfang 1969 achtete man zwecks Kostenersparnis auf Einfachheit, nur bei der Geräuschdämmung wurde nicht gespart. Die Torpedos konnten nun bei Höchstgeschwindigkeit abgeschossen werden. Da sich bei den Vorgängern die Bugklappen bei hoher Geschwindigkeit nicht öffnen ließen, wurde eine neuartige Drehklappe

entwickelt. Das erste Boot dieser Klasse, die USS *Los Angeles* (SSN-688), wurde im Januar 1972 aufgelegt. Neunzehn Jahre später wurde die USS *Cheyenne* (SSN-773) als letztes der 62 Boote in den Dienst gestellt. Damit handelt es sich um die größte Klasse von Atom-U-Booten überhaupt.

Die Unsicherheit über das Nachfolgemodell sorgte für die lange Produktionszeit, aber 1995 war die Konstruktion allmählich nun doch überholt. Natürlich war sie während der zwei Jahrzehnte stets verbessert worden. Mit einem digitalen Kampfsystem sollte die neue Klasse zuverlässiger und leichter werden. Da es nicht

OBEN: Die stromlinienförmige Flosse der USS *Oklahoma City*. Bei der „Los-Angeles"-Klasse wurde durch die Verdopplung der Reaktorleistung eine hohe Geschwindigkeit erzielt.

rechtzeitig fertig war, erhielten die ersten zwölf Boote das analoge System Mk 113. Das erste Boot mit dem Mk 117 war die *Dallas* (SSN-700). Später wurden auch die ersten Boote und die „Sturgeon"-Klasse mit diesem System ausgerüstet. Nach Modifikationen im Jahr 1983 konnte das Mk 117 auch nukleare U-Jagd-Flugkörper UUM-44A-2 Subroc abschießen. 1978 wurde der Seezielflugkörper UGM-84 A Sub Harpoon eingeführt. Hauptsensoren sind der digitale AN/BQQ-5, der einen sphärischen Bugsonar benutzte, und das konforme Sonar AN/BQR-21mit digitaler Mehrstrahlsteuerung. Später wurde das passive Schleppsonar BQR-15 hinzugefügt. Normalerweise saß es in einem Tunnel auf der Steuerbordseite des Gehäuses. Durch ein Rohr am steuerbordseitigen Tiefenruder wurde die Verbindung nach draußen hergestellt.

Um die Feuerkraft auf große Entfernung noch zu erhöhen, erhielten die U-Boote Marschflugkörper BGM-109 Tomahawk, die nicht nur gegen Schiffe, sondern auch gegen Landziele eingesetzt werden sollten. Die Bewaffnung bestand nun aus 14 Torpedos Mk 48, vier Sub Harpoon und acht Tomahawk, die alle aus Rohren abgeschossen wurden. Das erste so ausgerüstete Boot war 1981 die *La Jolla* (SSN-701). Zuerst in den Dienst gestellt wurde jedoch gegen Ende 1983 die

LINKS: Die USS *Von Steuben* zählte zu den ersten strategischen US-U-Booten mit der Polaris A-3. Nach 30 Jahren Patrouillenfahrten wurde sie 1993 aufgelegt.

USS LAFAYETTE

Länge: 126 m
Durchmesser: 10,1 m
Antrieb: Atomreaktor mit einer Welle
Geschwindigkeit: 20 Knoten (über/unter Wasser)
Bewaffnung: 16 ballistische Flugkörper Poseidon, vier 53-cm-Torpedorohre
Besatzung: 140 Mann

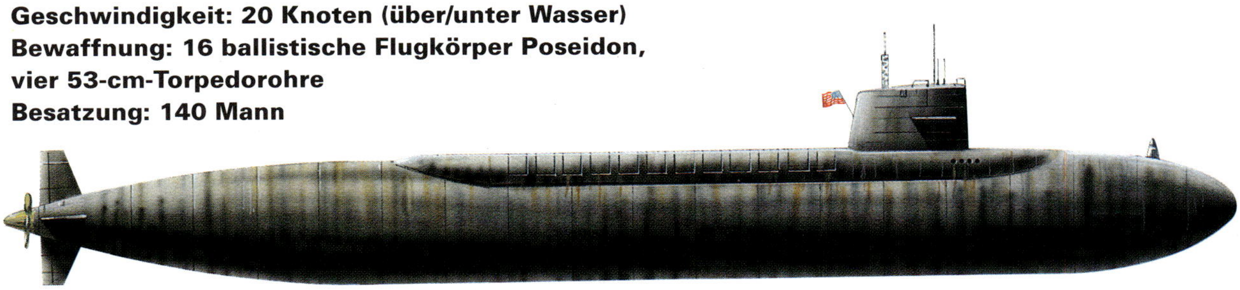

OBEN: Zwischen 1961 und 1967 wurden insgesamt 31 U-Boote der „Lafayette"-Klasse gebaut und allesamt mit der neuen Poseidon, dem Nachfolger der A-3 Polaris, ausgestattet.

Atlanta (SSN-712). Danach wurden zwölf vertikale Abschussrohre in dem ungenutzten Raum zwischen Bugsonar und vorderem Kugelschott untergebracht. Das erste U-Boot dieser Gruppe war die USS *Providence* (SSN-719).

Die Kosten stiegen von 221 Millionen Dollar für die *Los Angeles* im Jahr 1976 auf 495 Millionen zehn Jahre später. Zu Beginn der achtziger Jahre gab es Änderungen für Untereisoperationen. Dabei wurde der Turmaufbau verstärkt, und die vorderen Tiefenruder wurden vom Turm weg an den Bug platziert. Gleichzeitig waren die Tiefenruder nun einziehbar. Außerdem wurde das neue integrierte Kampfsystem BSY-1 eingebaut. Diese neue Klasse erhielt die Bezeichnung SSN-688I (Improved = verbessert) und wurde 1988 mit der *San Juan* (SSN-751) in Dienst gestellt. 1996 wurde bekanntgegeben, dass vier Boote der „Los-Angeles"-Klasse ausgesondert worden waren und auf eine Entscheidung über die Wiederverwertung ihrer Reaktorkerne warteten: Die ehemalige *Baton Rouge* (SSN-689), die bei einer Kollision unter Wasser mit einem sowjetischen Atom-U-Boot Totalschaden erlitt, die *Omaha* (SSN-692), die *Cincinnati* (SSN-693) und die *New York City* (SSN-696). Bis 1997 wurden zwei weitere außer Dienst gestellt, und bis 2000 kommen noch einmal elf U-Boote dazu. Die *Memphis* (SSN-691) wurde 1989 außer Betrieb genommen, um Erprobungen mit weiterentwickelten Unterwassersystemen durchzuführen.

Die 41 SSBN-U-Boote der US Navy alterten auch allmählich, insbesondere die Druckkörper und die Flugkörper C3 Poseidon. Die Tatsache, dass der sowjetische Flugkörper R-39 Rif-M (SS-N-20 „Sturgeon") von einer „Bastion" in der Barentssee aus amerikanische Städte treffen konnte, bestimmte die Denkweise im Pentagon. Die Taifun ist ein Dreiphasen-Feststoffflugkörper mit sechs bis zehn MIRV-Gefechtsköpfen zu je 100 Kilotonnen und einer Reichweite von über 8000 km. Der Streukreisradius (CEP) beträgt nicht mehr als 1,9 km. Als Antwort auf diese Bedrohung entwickelte die US Navy als Nachfolger für die Poseidon die C4 Trident 1. Als die Grundlagenarbeit 1971 vollendet war, führte die US-Regierung gerade die Gespräche über die Begrenzung strategischer Waffen (SALT I). Präsident Nixon wollte ein strategisches Waffensystem, das innerhalb der fünfjährigen Laufzeit des Abkommens in Dienst gestellt werden konnte.

DIE C4 TRIDENT

Die C4 Trident, ursprünglich als unter Wasser gestartetes Flugkörpersystem (ULMS) bezeichnet, sollte die doppelte Reichweite der Poseidon haben, ohne deren Kosten zu überschreiten. Die Weiterentwicklung begann Ende Dezember 1971. Der Prototyp C4X1 flog im Januar 1977. Er sollte auch die C3 Poseidon in einigen Booten der späteren „Lafayette"-Klasse ersetzen. Die Abschussrohre wurden so gestaltet, dass sie durch Rohre ersetzt werden konnten, die auch für die für 1990 geplanten größeren D5 Trident II ausreichen würden.

Die technischen Daten der Trident sind ehrfurchtgebietend. Verglichen mit der Poseidon hat die C4 Trident I (UGM-96A) eine Reichweite von über 8000 km und mit einem Streukreisradius von 457 m eine ähnliche Genauigkeit. Sie hat fast das gleiche Wurfgewicht und kann acht Wiedereintrittsgefechtsköpfe Mk 4 mit 100-kt-Sprengköpfen W76 abschießen. Die höhere Reichweite wurde durch das Ausdehnen der effektiven Länge während des Abschusses mit einem „Aerospike" erreicht. Das verringert den Luftwiderstand um die Hälfte und bringt zusätzliche 556 km. Ein verbessertes Treibmittel erlaubt es dem Flugkörper, den gesamten Brennstoff während der ersten zwei Phasen zu verbrennen und in der dritten Phase die entsprechende Flugbahn zu berechnen.

Die D5 Trident II (UGM-133A) verfügt über die gleiche Feuerleitanlage Mk 98 (Modell 1 bei der US Navy, Modell 2 bei der britischen „Vanguard“), aber mit einem Schwerkraftsensor und einem neuen Navigationssonar. Das neuere Lenksystem Mk 6, das aus dem Mk 5 der Trident I entwickelt wurde, verringert mit Hilfe von GPS den Streukreisradius auf 120 m. Das entspricht zum ersten Mal den Werten landgestützter Interkontinentalraketen. Die Anzahl der Gefechtsköpfe ist variabel. Bei den ersten Tests wurden acht Gefechtsköpfe W87 eingesetzt; einige Tests wurden aber mit zehn kleineren Sprengköpfen durchgeführt. Aufgrund der Rüstungsbegrenzung hat der Flugkörper jedoch nicht mehr als acht unabhängige Gefechtsköpfe, getragen von einem „Einsatzträger“ Mk 5. Die britische Trident II wird wie die frühere A3 Polaris nur drei Gefechtsköpfe AT-3K Chevaline haben. Der erste Abschuss von einem U-Boot erfolgte 1989, wegen einiger Fehler verzögerte sich die Indienststellung jedoch bis März 1990.

DIE NEUE „OHIO“-KLASSE

Die neuen SSBN, bekannt als „Ohio“-Klasse (SSBN-726), sind beeindruckende 16 000-t-U-Boote mit 24 bal-

UNTEN: Die HMS *Vanguard* 1992 bei der Erprobung. Ein einziger Treffer von einem der drei Atomsprengköpfe ihrer Flugkörper D-5 Trident zerstört eine Großstadt zu 60 %.

listischen Flugkörpern. Trotzdem wurden die bislang größten U-Boote der US Navy von der sowjetischen „Typhoon"-Klasse in den Schatten gestellt. Ein einzelner Reaktor S8G mit 35 000 PS bringt sie auf 25 Knoten. Die höheren Beschaffungskosten werden durch längere Intervalle zwischen den einzelnen Überholungen ausgeglichen. Sie können 70 Tage patrouillieren und müssen erst dann für 25 Tage überholt werden. Alle neun Jahre ist eine Überholung von einem Jahr fällig, was eine Verfügbarkeit von 66 % ergibt, im Gegensatz zu 55 % bei den älteren SSBN-U-Booten. Anfänglich waren 20 Boote geplant, später wurde die Anzahl dann auf 24 erhöht. Während der START-Verhandlungen stimmte die US-Regierung einer Reduzierung auf 18 zu. Die Klasse war ständig von Verzögerungen geplagt. So begannen die Arbeiten an der Ohio erst im April 1976 und die ersten Probefahrten fanden im Juni 1981 statt, geplant war Dezember 1977. Schließlich wurde Ende 1997 der Befehl erteilt, vier der älteren „Ohio"-Boote mit neuen Abschussrohren für Trident II zu versehen. Ab 1998 wird Northrop Grumman 24 Abschusssysteme für die USS *Alaska* (SSBN-732) bauen. Systeme für die *Nevada* (SSBN-733), die *Henry M Jackson* (SSBN-730) und die *Alabama* (SSBN-731) sollen folgen, nur die vier ältesten Boote werden nicht umgerüstet. Bis zum Inkrafttreten des START-II-Abkommens im Jahr 2002 wird die SSBN-Flotte schließlich auf 14 schrumpfen.

DIE NEUEN SOWJETISCHEN ATOM-U-BOOTE

Auslöser für diese Programme waren die neuen sowjetischen Atom-U-Boote, die Projekte 670 *Skat* („Charlie I") und 671 *Ersch* („Viktor"), aber auch das Projekt 627A *Kit* („November") sorgte für ernsthafte Beunruhigung. Im Februar 1968 fing eine „November" den atomgetriebenen Träger USS *Enterprise* (CVN-65) auf dem Weg nach Vietnam ab. Obwohl es langsamer war, konnte das sowjetische U-Boot dank der Daten des Meeresüberwachungssystems ein theoretisch perfektes Abfangmanöver durchführen. Die „Charlie" und die „Victor" hatten sogar noch höhere Leistungen. Aufgrund der Überschätzung der sowjetischen Industriekapazitäten ging man von zwanzig neuen Atom-U-Booten pro Jahr aus. Durch beabsichtigte Insdiskretionen auf beiden Seiten des Atlantiks wurden diese pessimistischen Zahlen sehr bald zur „Tatsache", was in militäri-

LINKS: Der Abschuss eines Trident-Flugkörpers wird an Bord eines „Ohio"-U-Boots simuliert. Wegen der hohen Kosten wird selten geschossen – mit scharfer Munition noch seltener!

UNTEN: Die Atom-U-Boote der „Ohio"-Klasse sind auf längere Wartungsintervalle und Patrouillenfahrten von bis zu 70 Tagen ausgelegt. So lassen sich viele Kosten einsparen.

USS OHIO

Länge: 170,7 m
Durchmesser: 12,8 m
Antrieb: Atomreaktor mit einer Welle
Geschwindigkeit: 25 Knoten (über/unter Wasser)
Bewaffnung: 24 ballistische Flugkörper, vier 53-cm-Torpedorohre
Besatzung: 133 Mann

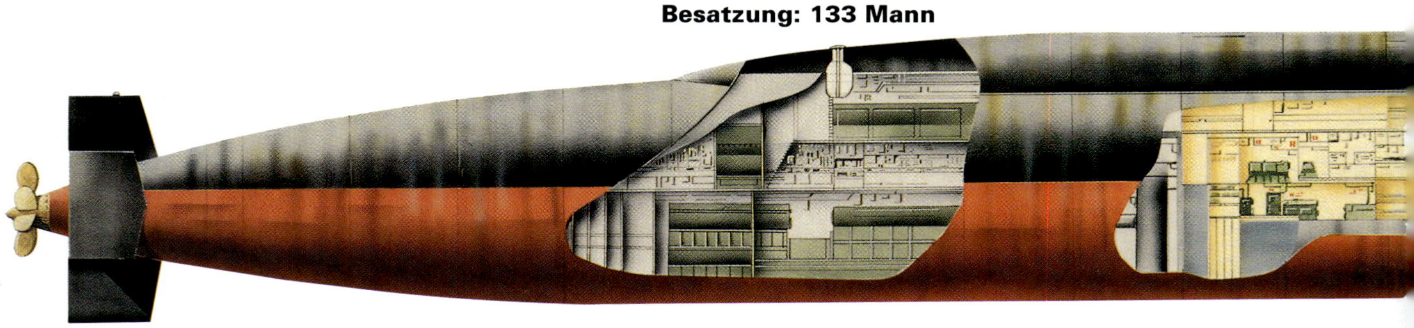

OBEN: Die USS *Florida* taucht während einer Fahrt auf. Sie wird im Rahmen der Abrüstung außer Dienst gestellt.

schen und politischen Kreisen fast zu einer Paranoia führte. Kürzlich veröffentlichte Zahlen aus russischen Quellen zeigen jedoch, dass der tatsächliche Umfang sehr viel bescheidener war:

18 „Victor I" zwischen 1967 und 1974,
11 „Charlie I" zwischen 1967 und 1974,
7 „Victor II" zwischen 1972 und 1978,
6 „Charlie II" zwischen 1975 und 1980,
26 „Victor III" zwischen 1978 und 1987,

68 Atom-U-Boote in zwanzig Jahren sind etwa drei bis vier pro Jahr. Dabei muss die stark verbesserte Leistung des Projekts 671 RTM *Schtschuka* („Victor III") berücksichtigt werden. Bei einer Oberflächenverdrängung von 4950 t hatte sie einen Zwillingsreaktor VM-42 mit einer Einwellenturbine OK-300. Mit ihren 31 000 PS erreichte sie eine Unterwassergeschwindigkeit von 30 Knoten. Zusätzlich gab es zwei Hilfspropeller, die von elektrischen Schleichmotoren angetrieben wurden. Frühe U-Boote hatten einen einzelnen siebenflügeligen Propeller, die meisten jedoch die ungewöhnliche Anordnung von Tandempropellern mit jeweils vier Flügeln.

Oben: Das russische Atom-U-Boot „Charlie I" aus dem Projekt 670A verfügt über Langstrecken-Seezielflugkörper P-20L SS-N-7.

Die Elektronik umfasste ein Bugsonar Skat-KS, ein MT-70 für die Untereisnavigation, ein Navigationsradar MRK-50, das ELOUM-Gerät Bulawa und einen Nachstromsensor. Die Bewaffnung bestand aus vier 53,3-cm-Torpedorohren und zwei 65-cm-Abschussrohren für Flugkörper P-100 (SS-N-22).

Die „Viktor III" bewies deutlich, dass sich der Westen nicht länger auf die Lautstärke der sowjetischen U-Boote verlassen konnte. Schwimmend aufgehängte Maschinen und weitere Geräuschdämpfungsmaßnahmen zeigten, dass die Informationen über die passiven Sonargeräte der Unterwassergeräuschüberwachung (SOSUS) der US Navy und der NATO, die die Familie Walker übergeben hatte, ordentlich genutzt worden sind. Diese Spione hatten Zugriff auf die „heißen Daten" der SOSUS-Abfangprotokolle, aus denen hervorging, wie genau die sowjetischen U-Boote verfolgt wurden. Spionage hat vielleicht auch noch eine andere Rolle bei der Entwicklung der „Victor III" gespielt. Bei den meisten, wenn nicht sogar bei allen 26 Booten wurde das Kampfsystem „Viking" eingebaut, das anscheinend auf dem norwegischen System MSI-90U beruhte. Dieser Vorgang war äußerst kompliziert. Zunächst war die US-Regierung verstimmt über die japanische Firma Toshiba wegen der Lieferung hochpräziser Fräsmaschinen zur Herstellung von nicht-kavitierenden Propellerflügeln. Tatsächlich kam die Technologie jedoch von der norwegischen Firma Kongsberg (später NFT) nach Japan. Diese Firma stellte das Kampfsystem MSI-90U für deutsche und norwegische U-Boote her. Hätte solch ein Technologiediebstahl stattgefunden, hätten die Sowjets entscheidende Parameter über U-Jagdtaktiken der NATO erhalten, denn sowohl Deutschland als auch Norwegen spielten führende Rollen bei den Anstrengungen der NATO, die sowjetische Marine in Schach zu halten.

EINFLUSSREICHE SOWJETISCHE KONSTRUKTIONEN

Ebenfalls einen großen Einfluss auf die Denkweise der US Navy hatte das Projekt 705 *Lira,* die bereits erwähnte berüchtigte „Alfa-Klasse". Die Arbeit an diesem Projekt begann gegen Ende 1958 oder Anfang 1959 im Sonderkonstruktionsbüro 143 (SKB-143) in Leningrad (ab den siebziger Jahren Malachit-Büro). Ausgegangen wurde von einem kleinen, schnellen U-Boot für die U-Jagd, ähnlich dem von Admiral Rickover vorgeschlagenen Konzept für ein SSKN. Bei einer Oberflächenverdrängung von nur 1500 t lag die vorgeschlagene Geschwindigkeit bei 40 Knoten.

Das neue U-Boot sollte über einen einfachen Titan-Druckkörper verfügen, über einen einzelnen Reaktor mit einer Turbine, die auf eine Welle wirkte, sowie über eine vollautomatische Steuerung. Die Besatzung hätte auf nur neun Offiziere und drei Bootsleute reduziert werden können. Dem Konstrukteur A. B. Petrow wurde jedoch schnell klar, dass die gewünschte Geschwindigkeit und ein akzeptables Maß an Zuverlässigkeit nicht mit 1500 t erreicht werden konnten. Die empfohlene Erhöhung auf 2300 t versuchte das Team des SKB-143 zu umgehen. Statt der vollen Abschirmung des Reaktorbehälters gab es nur eine leichte „Jalousie“ zwischen dem Reaktor und den davor liegenden Unterkünften. Das war nicht populär, denn von dem angesammelten hochradioaktiven Polonium 210 der strahlenden Blei-Wismut-Kühlung ging eine hohe Gefahr aus.

Nicht einmal diese verzweifelten Maßnahmen konnten die Verdrängung auf 1900 t bringen. Die sowjetische Marine wollte keinen einfachen Druckkörper in einem U-Boot, das in großer Entfernung vom Stützpunkt operieren sollte. Nach der Vorstellung des vorläufigen Entwurfs Ende 1960, brachte der Ministerrat im folgenden Mai einen neuen Erlass, in dem er auf einem doppelwandigen Titan-Druckkörper und einer Besatzung von mindestens 18 (später 27) bestand. Am Ende desselben Jahres, als die technischen Forderungen bekanntgegeben wurden, war auch der neue Rohentwurf fertig.

Das erste von vier Booten des Projekts 705 wurde im Juni 1968 in der Marinewerft in Leningrad aufgelegt. Komponenten mit langer Vorlaufzeit waren bereits vier Jahre früher bestellt worden. Eine Serienversion, Projekt 705 K, wurde paradoxerweise schon etwas eher, im November 1967, in der nördlichen Marinewerft von Sewerodwinsk aufgelegt. Der Fertigstellungstermin des Prototypen *K 377* wurde aus irgendeinem Grund nicht veröffentlicht (in den frühen siebziger Jahren). Die *K 123*, das erste Boot des Projekts 705K, wurde erst Ende 1977 fertiggestellt.

Das neue U-Boot hatte sechs 53,3-cm-Abschussrohre und achtzehn Torpedos sowie U-Jagdflugkörper RPK-2 Vijuga (SS-N-15) mit einem UBZ-Schnellladesystem. Die Elektronik umfasste ein Niederfrequenz/Hochfrequenz-Bugsonar Kerch mit einer 1,45 m hohen zylindrischen Anordnung, ein Hochfrequenz-Minenmeidesonar Schgut („Mouse Roar“) und eine Feuerleitanlage Akkord.

Die Boote besaßen zwei Reaktoren OK-550 mit drei Dampfgeneratoren, die zwei Dampfturbinen antrieben. Mit ihren 38 000 PS erreichten sie unter Wasser atemberaubende 43 Knoten, womit sie dem bislang ungebrochenen Rekord des Projekts 661 „Papa“ nahe kamen. Die Gerüchte im Westen über eine Tauchtiefe von

UNTEN: Die russischen „Typhoon“ aus dem Projekt 941 sind die größten U-Boote überhaupt. Sie sollten als letztes Mittel zum Einsatz kommen und bis zu einem Jahr auf dem Meeresgrund verbringen.

OBEN: Die „Astute"-Klasse der Royal Navy war zunächst die zweite Auflage der „Trafalgar"-Klasse, wird aber mit einem stärkeren Reaktor vom Typ PWR 2 ausgestattet.

RECHTS: Die HMS *Resolution* war eines der ersten vier Atom-U-Boote mit der Polaris A-3. Das Polaris-Projekt wurde ohne Zeit- und Kostenüberschreitungen fertiggestellt.

900 m waren allerdings arg übertrieben. Die „Alfa" hatte eine vorgesehene Tauchtiefe von 320 bis 350 m und eine Zerstörungstauchtiefe von 400 m.

Auf das Drängen der Marine gab es noch während der Produktionszeit bedeutende Veränderungen. Die drei wasserdichten Abschnitte wurden auf sieben erhöht, was zu einer sehr ungewöhnlichen Anordnung führte, da um die bereits eingebaute Ausrüstung herumgebaut werden musste. Daher bildete die Schottwand zwischen dem ersten und zweiten Abschnitt an einigen Stellen einen Teil des Decks des ersten Abschnitts. Die Schottwände des dritten Abschnitts waren konkav geformt.

Die drei Boote des Projekts 705K hatten den fortschrittlicheren Reaktor BM-40A, der mit nur zwei Dampfgeneratoren bei viel höherem Druck arbeitete. Der ursprüngliche Prototyp 705 hatte ein Jahr nach der Indienststellung einen schweren Reaktorunfall. Da die flüssige Metallkühlung sich abgekühlt hatte, konnte er nicht mehr repariert werden. Nach dem Verlust der experimentellen *Komsomoletz* im Jahr 1989 zog die Marine alle Boote des Projekts 705 und 705K wegen potenzieller Sicherheitsrisiken aus dem Verkehr. Laut russischen Quellen hatte das Modell bereits 1973 wegen der hohen Kosten und der schwierigen Instandhaltung seinen Reiz verloren. Marschall Ustinow, der Verteidigungsminister, besuchte die aufgelegte *K 377* und kommentierte, dass sie zu klein und unmöglich zu reparieren wäre. Wenn die „Alfa" auch viel Kritik einstecken musste, hatten die russischen Konstrukteure der Welt doch gezeigt, dass sie konventionelle Denkweisen in Frage stellen konnten. So haben sie den U-Boot-Bau grundlegend geändert.

EIN WEITERER RUSSISCHER ERFOLG – DIE AKULA

Neben den Fortschritten bei den Typen „Mike“ und „Sierra“ hatten die Russen noch ein weiteres Ass im Ärmel, nämlich das Projekt 971 *Bars,* im Westen als „Akula“ bekannt. Verwirrenderweise enthalten die NATO-Bezeichnungen jetzt einen traditionellen russischen U-Boot-Namen. 1972 war sie zunächst als SSGN mit Seezielflugkörpern geplant. Zwischen 1978 und 1980 wurde daraus eine Plattform für den strategischen Marschflugkörper S-10 *Granat* (SS-N-21 „Sampson“) „Tomahawkski“. Dafür erhielt sie zwei 53,3-cm-Torpedorohre und vier 65-cm-Abschussrohre für die Flugkörper.

Spätere Ausführungen haben sechs zusätzliche Bugrohre außerhalb des Druckkörpers. Das entsprechende Atom-Angriffs-U-Boot sollte die „Sierra“ werden. Die „Akula“, deren Druckkörper aus Stahl bestand, war um so viel billiger, dass sie in ein Allzweck-Angriffs-U-Boot umgewandelt wurde, obwohl sie zwei Knoten langsamer war.

Die Sonaranlage entspricht der der neuesten Victor III, (MGK-503 Skat), allerdings mit einem zusätzlichen seitlichen Sonar, das sich über ein Drittel des Druckkörpers erstreckt. Das Triebwerk ist neu mit doppelter Geräuschdämmung und schwimmend aufgehängten Maschinen, wobei die Aufhängung selbst gegenüber dem Druckkörper isoliert ist. Dadurch ist die „Akula“ eines der leisesten sowjetischen U-Boote. Der Reaktor OK-650B stammt aus den Modellen „Oscar“, „Sierra“ und „Typhoon“. Mit einer einzelnen Turbine entwickelten sie 43 000 PS, genug für eine Unterwassergeschwindigkeit von 35 Knoten. Die einzelne Welle treibt einen siebenflügeligen Propeller an. Die Tauchtiefe beträgt 450 m.

Sieben Boote der „Bar“-Klasse wurden zwischen 1982 und 1995 in Komsomolsk gebaut. Ein achtes, das *Nerpa* heißen sollte, ist anscheinend nicht mehr fertiggestellt worden. 1993 wurde die Werft geschlossen, obwohl noch zwei weitere Boote bestellt oder aufgelegt waren. In Sewerodwinsk wurden bis 1994 noch fünf Boote gebaut; zwei weitere wurden offensichtlich nicht fertiggestellt. Wie alle anderen sowjetischen oder russischen Modelle sorgte auch die „Akula“ für eine gezielte Panik im Westen. Ihren Ruf verdanken diese U-Boote nicht nur ihrer Lautlosigkeit, sondern auch ihrer Bewaffnung. Der raketengetragene Torpedo RK-55 Schkwal ist eine tödliche Waffe. Das 650-mm-Langstrecken-

Schwergewicht kann sogar einen 100 000-t-Flugzeugträger außer Gefecht setzen.

OBEN: Die USS *Birmingham* aus der „Los-Angeles"-Klasse bei einer Notauftauchübung im Pazifik.

RUSSLAND BEHAUPTET SICH

Trotz schwerer wirtschaftlicher Probleme versucht die russische Regierung verzweifelt, den Status einer Supermacht aufrechtzuerhalten. Die nördliche Flotte fährt immer noch regelmäßig zur See und es soll eine Serie neuer Modelle erscheinen. Die U-Boote des Projekts 667, die Klassen „Murena", „Kalmar" und „Delfin" (Delta I, III und IV), wurden zwischen 1972 und 1992 in den Dienst gestellt, die *Akula*-Klasse („Typhoon") des Projekts 941 zwischen 1981 und 1989. Zwei „Typhoon" sind aufgelegt worden, einige Deltas werden bald folgen. Als Ersatz wurde 1996 mit dem ersten U-Boot des Projekts 955 Typ *Bory* begonnen, dessen Prototyp *Juri Dolgrukij* 2002 geliefert werden soll.

Nach Schätzungen der US Navy wird sie 12 U-Boot-gestützte ballistische Flugkörper R-39UTTKh (SS-N-28 „Grom") oder R-29RM (SS-N-23 „Skiff") haben. Die „Skiff" ist der erste russische U-Boot-MIRV-Flugkörper. Die „Delta IV" ist bereits damit bewaffnet. Gemäß den Rüstungsvereinbarungen hat die „Skiff" vier 100-kt-Gefechtsköpfe, eine Reichweite von 8300 km und ein Streukreisradius von 500–900 m. Die „Grom" ist eine verbesserte R-39 Rif-M (SS-N-20 „Sturgeon") mit acht MIRV-Gefechtsköpfen, der gleichen Reichweite und dem gleichen Streukreisradius wie die „Skiff". Ob die „Grom" in die „Bory"-Klasse eingebaut wird, hängt davon ab, ob sie rechtzeitig fertig wird. Wenn nicht, wird die erprobte „Skiff" zum Zug kommen.

LINKS: Die HMS *Conqueror* kehrt zum Stützpunkt Faslane zurück. Im Falklandkrieg 1982 torpedierte sie den argentinischen Kreuzer *General Belgrano*.

DIE SEWERODWINSK

Das entsprechende SSN/SSGN ist das Projekt 885 („Sewerodwinsk"-Klasse), deren Prototyp im Dezember 1993 in der Werft von Sewerodwinsk aufgelegt wurde. Laut US Navy verdrängt sie 9500 t an der Oberfläche und wird von einem Reaktor und Zwillingsturbinen GT3A auf 28 Knoten unter Wasser gebracht. Sie verfügt über 650-mm-Abschussrohre am Bug, zwei 533-mm-Rohre und eine Kombination aus verschiedenen Waffen, u. a. U-Jagd-Flugkörper RPK-2 Vijuga (SS-N-15). Dieser entspricht dem gescheiterten amerikanischen Subroc und hat ebenfalls Atomgefechtsköpfe zum Ausgleich für die Ungenauigkeiten zeitgenössischer Langstreckensonargeräte.

Die Hauptangriffswaffe ist ein Silo mit acht vertikal startenden Seeziel- oder Landzielflugkörpern, laut US Navy die SS-N-26 „Sapless". Woanders wird die SS-N-26 als P-800 Jachont beschrieben, ein gefährlicher Überschall-Staustrahlflugkörper (Mach 2–2,5). Bei der U-Boot-gestützten Variante könnte es sich vielleicht um die P-1000 Vulkan handeln. Ein ähnliches System, Oniks, ist angeblich vor Jahren zu Versuchszwecken in die B 452 des Projekts 670M („Charlie II") eingebaut worden. Obwohl der Zeitplan für den Bau angesichts der chaotischen Zustände in den Marinewerften sehr optimistisch zu sein scheint, verspricht die „Sewerodwinsk" ein bedrohlicher Gegner zu werden.

BRITISCHE ENTWICKLUNGEN

Die Royal Navy setzte bei ihrer Philosophie für Atom-U-Boote anders als die US Navy zu Lasten der Lautlosigkeit auf hohe Geschwindigkeit. 1977 wurde das erste von sieben Booten der „Trafalgar"-Klasse bestellt. Sie hatten eine Verdrängung von 4700 t und wurden von dem Druckwasserreaktor PWR 1 und Zwillingsturbinen angetrieben. Ihre Höchstgeschwindigkeit betrug unter Wasser 28 Knoten. Das erste Boot der Klasse wurde 1983 in den Dienst gestellt, das letzte, die HMS *Triumph,* 1991. Basierend auf dem Druckkörper der früheren „Swiftsure", wurde besonders die Geräuschdämpfung verbessert.

Das zweite Boot, HMS *Turbulent,* und alle weiteren erhielten ein ummanteltes Wasserstrahltriebwerk anstelle des üblichen siebenflügeligen Propellers mit Flügelrücklage. Nach der Fertigstellung wurden alle Druckkörper mit schallabsorbierenden Kacheln versehen. Entwurfsstudien für einen Nachfolger begannen 1987. Dieses Boot wurde als SSN-20 bezeichnet, da es das zwanzigste in der Serie sein würde, die mit der HMS *Dreadnought* begonnen hatte. Von den Diskussionen in

UNTEN: Die HMS *Talent* gehört zu der britischen „Trafalgar"-Klasse. Diese Atom-U-Boote zählen dank ihrer durchdachten Konstruktion zu den leisesten U-Booten überhaupt.

OBEN: Die HMS *Triumph* ist das letzte der sieben „Trafalgar"-U-Boote, die zwischen 1979 und 1991 gebaut wurden.

den USA über sowjetische Fähigkeiten beeinflusst, überspannte die britische U-Boot-Waffe den Bogen, indem sie einen neuen Reaktor forderte, der den noch nicht gelieferten PWR 2 übertreffen sollte. Außerdem wollte sie ein neues Kampfsystem anstelle des noch nicht ausgelieferten SMCS und einen neuen Torpedo anstelle des ebenfalls noch nicht gelieferten Spearfish. Es war klar, dass diese Forderungen unrealistisch waren. 1991 teilte der Schatzkanzler, immer auf der Suche nach Gründen für einschneidende Kürzungen, der Navy mit, dass der vorgeschlagene Entwurf nicht „genügend fortschrittliche Technologien" beinhalte, um einen Preis von 400 Millionen Pfund pro Druckkörper zu rechtfertigen, Forschung und Entwicklung nicht eingeschlossen.

Im November 1991 erhielt VSEL einen Vertrag für eine einjährige Entwurfsstudie für die Serie 2 der „Trafalgar"-Klasse (B2TC). Trotz dieses ziemlich durchsichtigen Manövers wurde 1997 die völlig neue „Astute"-Klasse bestellt, um zur Jahrhundertwende die drei ältesten „Swiftsure" zu ersetzen. Die wichtigste äußere Änderung betrifft die Form des Druckkörpers. Er soll über eine Variante des erfolgreichen Führungssystems SMCS, einen Reaktor PWR 2 mit der doppelten Leistung des PWR1, das neue integrierte Sonarsystem 2076, Schwergewichtstorpedos Spearfish Mod 1, Seezielflugkörper Sub Harpoon und Marschflugkörper Tomahawk verfügen. Die „Astute"-Klasse soll über Wasser 6300 t und unter Wasser 6800 t verdrängen. Die Waffenladung soll auf 38 Schuss erhöht werden.

Alle sieben „Trafalgars“ und wahrscheinlich drei „Swiftsures“ werden mit dem Sonargerät 2076 kampfwertgesteigert. Einige haben bereits das Führungssystem SMCS erhalten. 1998 wird die HMS *Splendid* mit der ersten einsatzfähigen Version Block III des Marschflugkörpers Tomahawk der Royal Navy in See stechen. Zur Umrüstung muss nur ein kleines Schnittstellengerät eingebaut werden, mit dessen Hilfe das Führungssystem SMCS Befehle an die Tomahak-Waffenleitanlage senden kann. Die Royal Navy hat für 288 Millionen Dollar 65 Tomahawks gekauft. Der Einbau wird von Lockheed Martin vorgenommen.

Das Führungssystem SMCS hat angeblich eine mehr als 20mal höhere Prozessorleistung als frühere U-Boot-Kampfsysteme, allerdings zu niedrigeren Anschaffungs- und Unterhaltungskosten. Die Entwicklung begann Ende 1986. Das erste System wurde Mitte der neunziger Jahre in eine Landtestanlage eingebaut. Dieses System ging mit dem SSBN HMS *Vanguard* 1992 auf See. Die ersten zwei U-Boote, die das System erhielten, waren 1995 die HMS *Swiftsure* und HMS *Trafalgar.*

DIE POLITIK NACH DEM KALTEN KRIEG

Die Royal Navy musste auch die vier U-Boote der „Resolution“-Klasse ersetzen, die nach zwanzig Jahren ununterbrochenem Einsatz Probleme mit ihren Reaktoren hatten. Nach einer erbitterten Debatte mit Befürwortern der unilateralen nuklearen Abrüstung und trotz der Kritik an den Kosten der britischen Abschreckungspolitik wurde 1980 entschieden, das System D5 Trident II für vier neue Atom-U-Boote zu kaufen. VSEL war die einzige U-Boot-Werft in Großbritannien. Daher wurden alle vier Boote der *Vanguard*-Klasse bei dieser Werft in Barrow-in-Furness bestellt. Die HMS *Vanguard* wurde von 1986 bis 1993 gebaut, gefolgt von der HMS *Victorious* und der HMS *Vigilant.* Die HMS *Vengeance,* soll 1999 als letzte ausgeliefert werden.

Diese 14 000-t-U-Boote werden von dem neuen Reaktor PWR 2 angetrieben, der mit zwei Turbinen 27 000 PS entwickelt. Die Unterwassergeschwindigkeit beträgt 25 Knoten. Die Trident-Flugkörper sind von der US Navy gemietet worden und werden vom SSBN-Stützpunkt King's Bay in Georgia instandgehalten und unterstützt. Die U-Boote haben eine integrierte Sonarausstattung vom Typ 2054 mit einem aktiv/passiven Bugsonar 2043, einem aufrollbaren Schleppsonar 2044 und einem Erfassungssonar 2045. Nach dem Ende des Kalten Krieges behaupten Kritiker, dass diese U-Boote keine Aufgabe mehr haben. Als Antwort hat die Navy Studien über einen taktischen, d. h. konventionellen Umbau der Trident oder eine substrategische Rolle, mit nur einem einzigen Atomgefechtskopf mit niedrigem Detonationswert, in Auftrag gegeben. Erwogen wurde auch die teilweise Umrüstung einiger Abschussrohre für Marschflugkörper.

Abgesehen davon, dass es Geldverschwendung ist, neue U-Boote zu verschrotten, steht die britische Regierung zu der Entscheidung, die nukleare Abschreckung zu erhalten. Sie weist darauf hin, dass angesichts der Verbreitung nuklearer Waffen die Abschreckung wichtiger sei denn je. Ein Befürworter dieser Politik sagte: „Die Trident wird die Sowjetunion nicht davon abhalten, die britischen Inseln einzunehmen. Das würde aber einen schwarzen Montag für viele russische Städte bedeuten.“

Als Ronald Reagan 1981 Präsident wurde, war er

UNTEN: Die britischen Atom-U-Boote der zweiten Generation. Sie sollen das neue integrierte Sonarsystem 2076 und Tomahawk-Flugkörper erhalten.

HMS SWIFTSURE

Länge: 82,9 m
Durchmesser: 9,8 m
Antrieb: Atomreaktor mit einer Welle
Geschwindigkeit: 20/30 Knoten (über/unter Wasser)
Bewaffnung: Fünf 53-cm-Torpedorohre, Subharpooch-Seezielflugkörper
Besatzung: 116 Mann

entschlossen, gegen den angeblichen Verfall der amerikanischen Fähigkeit anzugehen, ihre Interessen gegen die Sowjetunion zu verteidigen. Sein Marineminister, John Lehman, war entschlossen, die Flotte aufzurüsten. Seine U-Boot-Experten rieten ihm, im Krieg in die Offensive zu gehen. Das bedeutete, in die Bastionen der sowjetischen U-Boote einzudringen, anstatt hinter den Barrieren zu warten, bis die Sowjets ihren Zeitpunkt zum Angriff wählten.

DIE US NAVY STARTET WIEDER DURCH

Die Änderung in der Politik beendete auch das Wirken des tapferen alten Kriegers Admiral Rickover, der von Lehman mit Unterstützung des Präsidenten in Pension geschickt wurde. Rickover ging nicht lautlos, und obwohl die US Navy ihm eine Menge schuldete, war er in seinen letzten Jahren so autokratisch geworden, dass er jegliches innovatives Denken ablehnte. Mit einem Kongress, der Geld bereitstellte, einem Marineminister, der nur das Beste wollte und ohne Rickover, der gegen jede Veränderung intrigierte, war es möglich, einen neuen Anfang zu machen. Einen völlig neue Marinestrategie konnte nun in Übungen durchgespielt werden statt durch den Vergleich von Statistiken. Neue U-Boot-Konstruktionen konnten danach bewertet werden, ob sie diese Strategie ausführen konnten.

OBEN: Die HMS *Vanguard* wurde wie die *Victorious* und die *Vigilant* 1993 in Dienst gestellt. Die HMS *Vengeance* soll ab 1999 auf See erprobt werden.

Neue Technologien wurden ebenfalls entwickelt. Ein neuer Reaktor war produktionsreif. Das breitstrahlige Sonar und ein neuer U-Boot-Abstandsflugkörper, die Sea Lance, waren fast fertig. Ein neues bistatisches Sonar mit separaten Sende- und Empfangsantennen und neue Schleppsonare mit dünneren Kabeln, die kleinere Winden für die gleiche Länge benötigten, waren ebenfalls in Sicht. Die Unzufriedenheit der U-Boot-Waffe mit der „Los Angeles“ sorgte dafür, dass dem Kommando Marinesystem (NAVSEA) Engstirnigkeit in seiner Denkweise vorgeworfen wurde. Unkritische Annahmen über die Leistungen sowjetischer U-Boote waren an der Tagesordnung. Jeder war der Meinung, dass die sowjetischen Konstrukteure alle Probleme ohne Nachteile lösen konnten.

Forderungen nach kleineren Atom-U-Booten wurden bald zerschlagen. Der doppelte Schrecken der Unzuverlässigkeit, ein Greuel für U-Boot-Fahrer, und der exzessiven Kosten, ein Greuel für den Kongress, ließ sich nicht wegdiskutieren. Admiral Nils Thunman, Deputy Chief of Naval Operations (DCNO) für Unterwasserkriegführung, bildete im Mai 1982 die Gruppe Tango, um die Eigenschaften der neuen Atom-U-Boote zu diskutieren. Sein Hauptziel war eine Verstärkung der Feuerkraft von 22 auf 42 Schuss, d. h. fast die doppelte Waffenladung der *Los Angeles*. Thunman wusste, dass das neue Boot teurer sein würde, er hielt dies jedoch für akzeptabel, wenn es ausreichende Verbesserungen bei der Kampfstärke vorweisen könnte. Viele bereits verworfene Ideen wurden neu durchdacht, insbesondere die Idee eines verbesserten Stahls. Vorher war HY-80-Stahl benutzt worden. HY-100-Stahl versprach jedoch 25 % mehr Festigkeit. Sogar der noch stärkere HY-130 wäre eventuell verfügbar.

SEAWOLF – DER STAND DER TECHNIK

Das Modell, das dabei herauskam, hat acht Abschussrohre, genau vor dem vorderen Schott des Druckkörpers, und Laderaum für insgesamt 50 Waffen. Die Maschinen sind viel leiser und auch viel kompakter als ihre Vorgänger. Das Wasserstrahltriebwerk verringert die Kavitation. Trotz eines leichten Geschwindigkeitsverlustes kann das U-Boot unter Wasser noch 35 Knoten erreichen. Die Leistung des Reaktors S6W ist nie bestätigt worden. Es wird jedoch angenommen, dass sie nicht weniger als 45 000 PS beträgt. Die Elektronik umfasst das neue Führungssystem BSY-2, ein sphärisches Empfangssonar, ein lineares Übertragungssonar, das um den Bug gewickelt ist, die neuen Schleppsonare TB-16E und TB-29 sowie andere Sensoren.

Das neue Kampfsystem BSY-2 wurde aus dem System BSY-1 entwickelt. Als jedoch bei dem ersten System Mitte der achtziger Jahre schwerwiegende Probleme auftraten, wurde es separat weiterentwickelt. Es handelt sich um das erste vollintegrierte U-Boot-Kampfsystem der US Navy, bei dem alle Sensoren, Datenverarbeitungsgeräte, Konsolen und Waffen den gleichen faseroptischen Hochleistungsdatenbus benutzen. Die Konsolen können deshalb zwischen jeder Kommando- oder Kontrollaufgabe hin- und herschalten. Der Bus kann 1000 Nachrichten pro Sekunde verarbeiten. Die Systemsoftware hat mehr als drei Millionen Zeilen an Code. Das ist so viel, dass noch 1990 die Gefahr bestand, dass das Programm wegen des Mangels an ADA-Programmierern später fertig werden würde. Die Hauptsensoren des Systems sind ein Niederfrequenz-Bugsonar, ein aktives hemisphärisches Sonar darunter, ein Hochfrequenz-Sonar im Turm, das breitstrahlige Sonar BQG-5, eine langes Schleppsonar TB-29 mit dünnen Kabeln und eine kürzere, dickere Antenne TB-16D. BSY-2 unterscheidet sich von seinen

OBEN: Die HMS *Valiant* war das zweite britische Atom-U-Boot, hatte aber anders als die *Dreadnought* einen Reaktor von Dounreay. 1992 wurde sie außer Dienst gestellt.

Vorgängern in der Anzahl von Leitungen und Frequenzbereichen, die es gleichzeitig überwachen kann. Die gesamten Informationen der Sonare fließen in die Prozessoren zur Signalausformung und Empfangsdiagrammformung. Das ganze System ist so komplex, dass es pro Minute 595 l kaltes Wasser für die Kühlung benötigt.

Die Bezeichnung des neuen U-Boot-Projekts war SSN-21, d. h. SSN für das 21. Jahrhundert. Wäre man dem rechtlich verfügten Bezeichnungssystem der US Navy gefolgt, müsste das erste Boot der Klasse die Bezeichnung SSN-774 tragen. Als jedoch der Name *Seawolf* ausgewählt wurde, wurde aus der Druckkörperbezeichnung SSN-21. Um den Fehler wieder wettzumachen, erinnern die nachfolgend gewählten Namen an Staaten, was vorher der „Ohio"-Klasse vorbehalten war. Der Kongress finanzierte die *Seawolf* im Steuerjahr 1989 und bewilligte im Haushaltsjahr 1991 zwei weitere U-Boote. Kurz darauf endete der Kalte Krieg mit dem Zusammenbruch der Sowjetunion.

Vielen Kritikern galt die *Seawolf* als ein teures, überspezialisiertes Modell, das für den zukünftigen Bedarf der US Navy nicht geeignet war. Der Verteidigungsminister entschied, das für 1991 bewilligte Paar zu streichen und die *Seawolf* als Demonstrationsobjekt für die Technologie zu benutzen. Der Kongress war dann aber anderer Meinung. Er hatte Angst vor dem Verlust der industriellen Basis für den Bau nuklearer U-Boote, wie es bereits bei den konventionellen U-Booten passiert war. Dazu kam die Furcht vor der Arbeitslosigkeit in Virginia und Connecticut. Im Mai 1992 wurde das

zweite Boot mit dem Namen *Connecticut* (SSN-22) wieder in Auftrag gegeben. Während des Wahlkampfes im gleichen Jahr versprach Bill Clinton, die Forderung nach einem dritten Boot zu unterstützen. Die SSN-23 wurde im September 1993 bei *Electric Boat* bestellt. Die *Seawolf* wurde im Mai 1997 in Dienst gestellt. Die *Connecticut* wird im August 1998 folgen, die SSN-23 im Jahre 2001.

Der veranschlagte Preis basiert auf einer angenommenen Produktion von zwei oder drei Exemplaren pro Jahr. Eine Schätzung lag bei 2,8 Milliarden Dollar pro Boot einschließlich Forschung und Entwicklung unter

LINKS: **Die britischen Atom-U-Boote der „Vanguard"-Klasse haben zwar amerikanische D-5-Flugkörper und Feuerleitanlagen, die Chevaline-Sprengköpfe werden in England gebaut.**

der Annahme, dass 12 Boote gebaut werden. Da der gesamte Verteidigungshaushalt unter Druck geraten ist und der Kongress eine „Friedensdividende" fordert, war diese Anzahl unrealistisch. Das „Ohio"-Programm wurde gekürzt und das einst unantastbare Ziel von einer 100 U-Boote starken Flotte wurde fallengelassen. Kritiker argumentierten, dass die *Seawolf* unerschwinglich sei und forderten ein billigeres Modell. Der Fehler dieser Argumentation liegt in der Tatsache, dass der dominierende Kostenfaktor in den allgemeinen Unkosten für die Instandhaltung liegen würde. Früher waren solche Kosten auf eine große Anzahl U-Boote verteilt worden. Eine geringere Zahl von U-Booten wäre immer noch teuer, sogar, wenn sie kleiner, billiger oder lauter wären. Es gibt auch technische Mindestanforderungen: Zu „billige" U-Boote wären eine kriminelle Geldverschwendung.

DAS NEUE ANGRIFFS-U-BOOT

Im Februar 1991 wurden die Entwürfe für ein neues „erschwingliches" Modell mit der Bezeichnung „Centurion" offiziell genehmigt. Das Ziel war ein brauchbares Atom-U-Boot zum halben Preis der *Seawolf,* also eher im Bereich der 600 Millionen Dollar für ein Boot der „Los-Angeles"-Klasse gegen Ende der achtziger Jahre. Das Ergebnis dieser Studien war ein neues Angriffs-U-Boot, ursprünglich mit NAS abgekürzt, aber jetzt als NSSN bezeichnet. Eine Vorfinanzierung wurde im Haushaltsjahr 1996 bewilligt. Sie läuft bis zum Haushaltsjahr 1998. Der geplante Baubeginn bei Electric Boat ist Ende 1999. Ausgeliefert werden soll das U-Boot im Jahr 2004. Um den Verlust an der SSBN-Arbeit auszugleichen, beteiligt sich Newport News Shipbuilding an den Arbeiten für die ersten vier NSSN. Die Unterwasserverdrängung wird mit 7700 t angegeben. Der Reaktor S9G und die Zwillingsturbine entwickeln 24 000 PS, ausreichend für eine Spitzengeschwindigkeit von 28 Knoten. Es wird die gleiche Lautlosigkeit wie bei der *Seawolf* zur Auflage gemacht. Die Waffenladung, bestehend aus Seezielflugkörpern, Torpedos und Unterwasserdrohnen, wurde auf 28 verringert. Ein neues Kampfsystem wird bereits entwickelt. Der Nachfolger für das BSY-2 soll ein einzelnes sphärisches Bugsonar ähnlich dem der „Los Angeles" und eine ähnliche konforme Buganordnung haben. Der Kern des Reaktors S9G wird so geplant, dass er während der gesamten Dienstzeit des U-Boots hält. Dies reduziert die Unterhaltungskosten wesentlich. Wie vorausgesagt, ließen sich die Kosten für die NSSN nicht halten. Die neuesten Zahlen lauten 2,6 Milliarden Dollar für das erste Boot der Klasse und 1,5 Milliarden für die weiteren Boote. Vielleicht sehen wir die *Seawolf* auch wieder in Produktion gehen, wenn klar wird, welche Auswirkungen das Herumpfuschen an den Leistungen haben kann.

KAPITEL 7

U-Jagd

Die Marinen wenden viel Geld für die U-Jagd auf, und die Suche nach neuen Mitteln zum Orten und Versenken von U-Booten geht immer weiter. Seit dem Ende des Kalten Krieges geht es eher darum, kleine konventionelle U-Boote in Küstengewässern zu orten als Atom-U-Boote auf hoher See.

Wenn man die Geschichte verfolgt, möchte man meinen, das U-Boot sei unsichtbar. Viele U-Boot-Fahrer reden sich das tatsächlich ein. Aber in den letzten achtzig Jahren wurden zwei von drei großen U-Boot-Feldzügen vernichtend geschlagen. Deutschland musste zwei Niederlagen in zwei Weltkriegen einstecken, während die Japaner sich dem amerikanischen Angriff geschlagen geben mussten. 1914 gab es nur zwei Möglichkeiten, U-Boote anzugreifen. Entweder man rammte sie oder belegte sie mit Kanonenfeuer. Das ging natürlich nur, wenn das U-Boot aufgetaucht war, da es keine Möglichkeit gab, ein U-Boot unter Wasser zu orten.

Die Geschichte der U-Boot-Bekämpfung (ASW) besteht aus uralten Märchen und absonderlichen Ideen. Die Lösung der Royal Navy soll angeblich darin bestanden haben, Dampfpicketboote mit einem muskulösen Maat loszuschicken, der mit einem Segeltuchsack und einem Vorschlaghammer bewaffnet war. Der Maat stülpte den Sack über das U-Boot-Periskop, sodass es nichts mehr sehen konnte. Mit dem Vorschlaghammer schlug er dann die obere Linse kaputt. Danach, so die Geschichte, tauchte das unglückliche Boot auf und konnte von einem wahrscheinlich Entermesser schwingenden Enterkommando gefangen genommen werden. Natürlich kann kein Beweis für diese amüsante Gegenmaßnahme angetreten werden.

LINKS: Der Hubschrauber ist für die moderne U-Jagd unverzichtbar. Er ist mit Leichtgewichtstorpedos, Wasserbomben, Tauchsonaren, MAD-Geräten und Sonobojen ausgerüstet.

Nach den dramatischen Verlusten an Kriegsschiffen in den ersten Kriegsmonaten hatten zahllose Wirrköpfe ihre Theorien und Erfindungen anzubieten. Die Spiritistin, die die Position eines U-Boots mit Nadel und Faden anzeigen wollte, kann man auslassen. Die Aufzeichnungen der Admiralität bestätigen jedoch, dass der Einsatz von Seehunden sehr ernst genommen wurde. Man hoffte, diese intelligenten Säugetiere zur Verfolgung von U-Booten abrichten zu können. So wurden ein paar Seehunde aus einem Zirkus geholt und lernten, eine Periskopattrappe zu verfolgen, die Fischstücke ausspuckte. Dieser Plan wurde jedoch bald aufgegeben, weil die Seehunde faul wurden und überfüttert waren oder jede Geräuschquelle in der Hoffnung auf eine Mahlzeit eifrig verfolgten.

Die Erfolge der deutschen U-Boote waren viel zu be-

OBEN: Der Torpedo war für die Schiffe gefährlicher als die Kanone. Angepasst an die Verhältnisse im U-Boot kann man sein volles Potential ausschöpfen.

drohlich für derartige Spielereien. Daher war die Royal Navy bald gezwungen, taktische Grundsätze für die U-Boot-Bekämpfung festzulegen, egal wie unbeholfen sie heute erscheinen mögen. Das Rammen brachte wenigstens entscheidende Ergebnisse. Als der leichte Kreuzer HMS *Birmingham* im August 1914 die *U 15* rammte, wurde das U-Boot in zwei Hälften zerteilt und sank mit der ganzen Besatzung. Im Oktober war die *U 19* noch einmal davon gekommen, als sie von dem Zerstörer HMS *Badger* bei Nacht überfahren und schwer beschädigt wurde. Einen Monat später, als die *U 18* die Zufahrten nach Scapa Flow zu erkundete, wurde sie von dem bewaffneten Trawler *Dorothy Grey* gerammt und schwer beschädigt. Das U-Boot tauchte auf den Grund und schoss dann an die Oberfläche, nur um ein weiteres Mal gerammt zu werden, diesmal allerdings von dem Zerstörer HMS *Garry*. Es gab kein Entrinnen. Die *U 18* sank, ihre Besatzung konnte sich retten. Der Nachteil war, dass der Bug des rammenden Schiffes beschädigt werden konnte. Daher erhielten alle Zerstörer und Geleitboote einen Sporn aus gehärtetem Stahl. Er wurde am Stevenschuh angebracht und diente als eine Art Dosenöffner.

DIE ERSTEN U-BOOT-ABWEHRWAFFEN

Kurz nach dem Ausbruch des Krieges erhielten einige Zerstörer die „modifizierte Schlinge", eine 60 m lange Drahtschlinge mit Sprengladungen. Ihr oberes Ende wurde von hölzernen Schwimmern oben gehalten, während ein „Drachen" das untere Ende nach unten drückte. Sie sollte zu Wasser gelassen werden, sobald ein gesichtetes U-Boot aufgetaucht war, konnte aber nur bei weniger als 10 Knoten geschleppt werden.

Ein elektrischer Melder zeigte an, falls sich ein Hindernis in der Schlinge verfing. Daraufhin konnte ein Bediener die Sprengladungen zünden. Da es zwanzig Minuten dauerte, die Schlinge in Position zu bringen und sie die Manövrierfähigkeit beeinträchtigte, war sie bei den Seeleuten nicht sehr beliebt. Sie hat jedoch ihren Platz in der Geschichte als erste eingesetzte Waffe zur U-Boot-Bekämpfung. Ebenfalls zu Beginn des Krieges erschien eine Stangenbombe, eine 20 bis 30 Pfund schwere Sprengladung am Ende eines Eschenmastes. Sie sollte gegen längsseits fahrende U-Boote eingesetzt werden. Das Bugschutzgerät war ein torpedoförmiges Gerät mit seitlichen Flossen, das die Ankertaue von Minen durchschneiden sollte. Dabei war es sehr effektiv. 1915 wurde es als schnelles U-Jagdgerät übernommen. Hierbei waren an jeder Seite zwei Bugschutzgeräte mit Sprengladungen angebracht. Theoretisch sollte sich ein tauchendes U-Boot darin verfangen und die Sprengladung auslösen. Sollte sich der Zerstörer des U-Boots schnell entledigen wollen, konnten die Sprengladungen auch elektrisch gezündet werden. Das Gerät war genauso unbeliebt wie die modifizierte Schlinge.

Wissenschaftler arbeiteten bereits an der Ortung tauchender U-Boote anhand der Geräusche ihrer Elektromotoren. Die ersten ungerichteten passiven Hydrophone wurden 1915 in ein kleines Boot eingebaut. Sie waren allerdings ungenau, und das Schiff durfte sich in keiner Weise bewegen, damit der Bediener irgendwelche verräterischen Geräusche heraushören konnte. Die Zusammenarbeit zwischen französischen und britischen Wissenschaftlern war zwar vielversprechend für die Zukunft, konnte aber noch keinen Einfluss auf die beiden uneingeschränkten U-Boot-Feldzüge nehmen.

Die bei weitem effektivste Waffe zur U-Boot-Bekämpfung war die Wasserbombe, die gegen Ende 1916 in kläglich geringer Anzahl zur Verfügung stand. Es handelte sich um eine Sprengladung von 300 Pfund TNT oder Amatol. Gesprengt wurde sie mit einem hydrostatischen Zünder, der bei einer voreingestellten Wassertiefe hochging. Ab 1917 gab es die Wasserbombe endlich in genügender Anzahl. Die Produktion stieg von 140 Stück pro Monat im Juli über 500 pro Monat im Oktober auf 800 pro Monat im Dezember. Somit konnten alle Zerstörer und Patrouillenboote damit ausgestattet werden. Die U-Boot-Besatzungen hassten die Wasserbombe. Bei der oft stundenlangen Jagd sorgten Beinahetreffer für Erschütterungen, wobei Glühbirnen zerplatzten und zerstörte Nieten Lecks im Druckkörper verursachten. 1917 wurden jeden Monat bis zu 300 Wasserbomben eingesetzt. In den letzten sechs Monaten des Krieges lag der monatliche Verbrauch bei 2000 Stück.

Es wurden auch Haubitzen und Bombenwerfer mit Kalibern zwischen 190 und 280 mm entwickelt. Sie feuerten jedoch Bomben mit Aufschlagzündern ab und wirkten nur gegen aufgetauchte U-Boote. 1918 baute der berühmte Zerstörer-Bauer John I. Thornycroft den ersten Wasserbombenwerfer, einen kurzen Mörser, der die Bombe weit genug vom Schiff wegschleudern konnte. Das erste bei einem Wasserbombenangriff versenkte U-Boot war die *UC 7*. Sie wurde im Juli 1916 von dem Motorschiff *Salmon* angegriffen.

UNTEN: Um auch tauchende U-Boote angreifen zu können, entwickelte der britische Schiffsbauer John I. Thornycroft 1917 den Wasserbombenwerfer.

SPEZIELLE SCHIFFE ZUR U-BOOT-BEKÄMPFUNG

Die spektakulärste Maßnahme war das Q-Schiff, ein als Handelsschiff getarnter Köder unter weißer Flagge, das mit versteckten Kanonen bewaffnet war. Das Q-Schiff sollte das U-Boot bis auf Schussweite heranlocken, indem es ein hilfloses Opfer spielte. Ein so genannter „Panik-Trupp" tat so, als ob er das sinkende Schiff verließ. Die Erfolge der Q-Schiffe waren kaum kriegsentscheidend. Als die Zeit der Kanonen zu Ende ging, wurden sie immer unwirksamer. Einige Geleitboote der „Flower"-Klasse wurden schon während des Baus zusammen mit einigen Patrouillenbooten in „Flower-Q" umgebaut. Sie bleiben jedoch reguläre Kriegsschiffe und konnten mit ihrer Silhouette nur wenige U-Boot-Kommandanten narren.

Kurz nach dem Ausbruch des Krieges bestellte die Admiralität die „Flower"-Klasse von Geleitbooten mit Einzelpropeller für allgemeine Aufgaben, u. a. zur Flottenunterstützung als Beischiff, zum Minenräumen und zum allgemeinen Geleit. Ihnen folgten verbesserte Versionen. Als die U-Boot-Bekämpfung mehr und mehr an Bedeutung gewann, lag ihre Hauptaufgabe im Geleit von Schiffen.

OBEN: Ein U-Boot des französischen Vichy-Regimes sinkt im November 1942 vor Nordafrika.

Spezialisierter waren die Patrouillenboote mit ihrem ungewöhnlich niedrigen Freibordrumpf, die 1915 als erste Schiffe zur U-Boot-Bekämpfung eingesetzt wurden. Die Maschinen, die 22 Knoten schafften, ähnelten denen eines Zerstörers. Die Silhouette war absichtlich der eines großen U-Boots nachempfunden. Ihr geringer Tiefgang machte sie weniger anfällig für Torpedoangriffe. Durch große Ruder und Zwillingsschrauben waren sie sehr manövrierfähig. U-Boote der alten „C"-Klasse und bewaffnete Trawler wurden benutzt, um deutsche U-Boote aus dem Hinterhalt zu überfallen. Nicht weniger als 14 deutsche U-Boote wurden versenkt, hauptsächlich von britischen U-Booten. Die französische *Circé* torpedierte im Mai 1917 bei Cattaro die *UC 24*. Die *U 7* wurde torpediert und die *U 96* von einem anderen deutschen U-Boot gerammt.

ERSTE FORSCHUNGSERGEBNISSE

Viele Jahrzehnte lang wurde die Mine als U-Boot-Bekämpfungswaffe ignoriert. Die Royal Navy hatte bis 1916 nicht genügend Minen. Dann wurde das deutsche Herz-Stoßhorngerät kopiert. 1917 gab es endlich genügend H2-Minen, um eine große Offensive gegen deutsche U-Boot-Stützpunkte in Deutschland und an der belgischen Küste zu starten. Die 20. Flotte, bestehend aus umgebauten Zerstörern, machte häufig Vorstöße in feindliche Gewässer. In den letzten Monaten des Krieges begann sie damit, „M-Sinker" zu legen, die ersten magnetischen Minen der Welt.

1917 standen die ersten Richthydrophone zur Verfügung. 1918 wurden bereits Schlepphydrophone eingesetzt, und zwei Trawler wurden mit Wasserstrahltriebwerken ausgestattet, um die Eigengeräusche zu mindern und die Leistung der Hydrophone zu verbessern. Ende 1918 konnte der erste aktive ASDIC-Akustiksensor, das Gegenstück zum heutigen Sonar, auf See erprobt werden. Auch die Luftstreitkräfte wurden effektiver genutzt. Der Royal Navy Air Service (Marineflieger) setzte viele Prallluftschiffe ein. Obwohl sie kein einziges U-Boot versenkten, soll kein einziger Geleitzug, der von Luftschiffen begleitet wurde, auch nur ein Schiff verloren haben. Natürlich tauchte jeder U-Boot-Kommandant beim Anblick eines Luftschiffes sofort ab.

CODEBRECHER

Die Durchsetzung des Konvois zur Erhaltung der Schifffahrt war wohl das beeindruckendste Zeichen des Sieges über die deutschen U-Boote. Eine viel heimtückischere Waffe war jedoch seit Anfang 1915 im Einsatz. Die Kryptographen in Raum 40 des alten Admiralitätsgebäudes entschlüsselten die Codes der deutschen U-Boote in einem Maße, dass sie sich mit den Verdiensten von Bletchley Park im Zweiten Weltkrieg messen konnten. Sie trugen viel zum Erfolg der Gegenoffensive von 1917 bis 1918 bei. Sogar Admiral Dönitz, der 1938 über U-Boot-Kriegführung schrieb, wollte ihre Verdienste nicht anerkennen. Die allgemeine Auffassung, dass die deutschen U-Boote 1918 „beinahe gewonnen" hätten, könnte nicht falscher sein. Wahrscheinlich hätten sie unerträgliche Verluste erlitten, wenn der Krieg bis 1919 weitergegangen wäre.

UNTEN: Die *Amphritite* oder die *Oreade*. Beide wurden am 8. November 1942 im Rahmen der Operation „Torch" von Flugzeugen der Task Force 34 angegriffen.

Ursachen für das Sinken von deutschen U-Booten:

Rammen	19
Kanonen	20
Schlingen	3
Wasserbomben	30
U-Boot-Torpedos	20
Minen (alliierte und deutsche)	58
Unfälle	7
Sonstige (einschl. Bomben)	2
Unbekannt	19
Summe	178

U-BOOT-BEKÄMPFUNG NACH DEM KRIEG

Trotz Haushaltskürzungen wurde nach 1918 weiter grundlegende Arbeit zur U-Boot-Bekämpfung geleistet. Die Royal Navy und die US Navy statteten heimlich ihre Zerstörer mit Sonargeräten aus. Andere Nationen folgten zögernd, denn die U-Boot-Bekämpfung war wenig glanzvoll und zog kaum Aufmerksamkeit auf sich. Die mit ASDIC ausgestatteten Zerstörer durften im allgemeinen nur 10 Knoten fahren, wenn sie ein Gebiet absuchten, was auch nur bei gutem Wetter ging. So konnten feindliche U-Boote dank ihrer hohen Überwassergeschwindigkeit ihre Position zu den Geleitschiffen schnell verändern. Ein oder zwei U-Boot-Kommandanten versuchten bei Nacht von der Oberfläche aus anzugreifen, weil die Sonargeräte der Geleitschiffe sie dann nicht orten konnten. Diese Taktik war jedoch viel zu gefährlich. Die U-Boot-Waffe der Royal Navy wollte hauptsächlich feindliche Kriegsschiffe angreifen. Das ist verständlich, weil die möglichen Feinde nicht so stark wie das britische Königreich auf den Seehandel angewiesen waren.

Die Admiralität erkannte den Wert des Konvois, hielt ihn aber nicht für die alleinige Antwort auf U-Boot-Angriffe. Die ideale Lösung war eine Kombination aus Konvoi, Sonar und internationalen Abkommen, um die Anzahl möglicher feindlicher U-Boote zu begrenzen. Die strengen Sparmaßnahmen zum Ende der zwanziger und Anfang der dreißiger Jahre, und die naive öffentliche Überzeugung, dass ein weiterer europäischer Krieg undenkbar sei, machten den Aufbau einer starken U-Jagdflotte unmöglich. Es gab nur ein bescheidenes Austauschprogramm für die „Flower"-Klasse. Diese Entwürfe wurden ständig verbessert, bis sie Ende der dreißiger Jahre die Basis für ein leistungsfähiges Geleitschiff darstellten.

In den zwanziger Jahren gab es eine große Reserveflotte an Zerstörern. Diese Schiffe sollten im Notfall schnell mit Sonargeräten und Wasserbomben ausgerüstet werden. Mitte der dreißiger Jahre waren jedoch viele derart abgängig, dass sie den Härten des Kriegsdienstes nicht mehr gewachsen waren. Trotz der bewiesenen Leistungsfähigkeit des Konvois und der Unterstützung durch die Admiralität gab es immer noch Befürworter der diskreditierten offensiven Patrouillen. Lediglich der Mangel an geeigneten Schiffen hielt sie auf. Die Admiralität erkannte, dass die aktuellen und geplanten Truppenstärken für einen vollen Schutz zu niedrig waren. Während die öffentliche Stimmung wirklichkeitsfremd blieb und Luftwaffenfanatiker für die Abschaffung der Marine intrigierten, zögerte die Admiralität, höhere Ausgaben für die U-Boot-Bekämpfung zu unterstützen. Dahinter steckte die verständliche Angst, dass der Schatzkanzler zum Ausgleich Kürzungen bei anderen Projekten vornehmen würde. Dabei herrschte das Wunschdenken vor, dass Sonargeräte gegen deutsche U-Boote genügen würden.

Die US Navy hatte die gleichen Probleme. Die Isolationisten beherrschten die öffentliche Meinung und wehrten jeden Versuch ab, die Verteidigung von Konvois zwischen den USA und Europa finanziell zu unterstützen. Die große Reserve an Zerstörern sorgte ebenfalls für ein sicheres Gefühl und Selbstzufriedenheit. Man ging davon aus, im Notfall eine U-Jagdflotte improvisieren zu können.

GELEITKRÄFTE IM ZWEITEN WELTKRIEG

1938 baute die Royal Navy zur Erweiterung ihrer Geleitkräfte ein billiges Geleitschiff, das auf einem soeben konstruierten Walfänger einer zivilen Werft basierte. Als es in den Dienst gestellt wurde, wurde dafür der überzogene Name „Corvette" wieder ausgegraben. Wegen der Reduzierungen im Verteidigungshaushalt musste die Planung eingefroren werden, und die Schiffe konnten erst nach Kriegsausbruch bestellt werden. Zudem gab es Pläne, Fischereiboote zu bewaffnen. Eine Großbestellung für ASDIC-Sonargeräte wurde in Kanada aufgegeben. Um den Mangel an Zerstörern auszugleichen, wurde ein neuer Typ eines kleinen Geleitzerstörers bestellt. Zwanzig alte Zerstörer wurden modernisiert und auf einen ähnlichen Stand gebracht.

Nach Kriegsausbruch wurde sofort das Konvoisystem eingeführt. Als das Linienschiff *Athenia* bereits am ersten Tag des Krieges torpediert wurde, war klar, dass Deutschland zur uneingeschränkten Kriegführung bereit war.

Der Fall von Frankreich machte die Sache noch komplizierter, da die U-Boot-Stützpunkte viel näher an den Konvoirouten zu den westlichen Zufahrtswegen lagen. Zwischen Juli und Oktober 1940 wurde die Grenze für Konvois nach 19 ° West verlegt. Auf der anderen Seite des Atlantiks übernahm die Halifax-Geleittruppe der Royal Canadian Navy die Verantwortung.

Die Leihgabe von fünfzig alten Zerstörern der US Navy nahm Druck von den Atlantik-Konvois. Sie hatten

OBEN: **Die Lockheed P-3 Orion, der erfolgreichste Seefernaufklärer aller Zeiten. Sie ist seit 30 Jahren das Rückgrat der U-Jagd-Kräfte der US Navy, der NATO und anderer Streitkräfte.**

allerdings zwanzig Jahre auf Kiel gelegen und mussten gründlich überholt und mit zusätzlichem Gerät versehen werden. Trotz ihrer Beliebtheit für die U-Boot-Bekämpfung waren sie doch eigentlich auf kurze Jagden mit hoher Geschwindigkeit ausgelegt. Auf dem Konvoi ging ihnen schnell der Treibstoff aus. So wurden einige Zerstörer in Geleitschiffe mit großer Reichweite umgebaut. Ein paar Torpedos und ein Kessel wurden geopfert, um Platz für mehr Treibstoff und U-Jagdwaffen zu machen.

NEUE WAFFEN UND AUSBILDUNG

Es gab auch Bedarf an neuen Waffen, insbesondere an einer Flugzeugwasserbombe und einer Möglichkeit, ein U-Boot anzugreifen, ohne den Sonarkontakt zu verlieren. Mit den vorhandenen Sonargeräten verlor das Geleitschiff den Kontakt in der Minute, bevor es über das Ziel fuhr, so wurde das Abwerfen der Wasserbombe zu einem Ratespiel. Die 183-mm-U-Jagdpatrone „Hedgehog" war ein Mörser mit mehreren Ladezapfen, der vor dem angreifenden Geleitschiff 32-Pfund-Ladungen mit Aufschlagzünder abfeuerte. Obwohl die kleinen Bomben keinen hydrostatischen Zünder hatten, konnte ein einzelner Treffer ein U-Boot außer Gefecht setzen. Eine Explosion zeigte den Erfolg an. Später während des Krieges wurde der Dreifachmörser „Squid" entwickelt. Eine superschwere 1-t-Wasserbombe wurde eingeführt, um besonders tief tauchende U-Boote zu treffen. Normale Wasserbomben wurden weiterentwickelt, um die Versenkrate zu erhöhen.

Die Ausbildung junger unerfahrener Wehrpflichtiger wurde in Angriff genommen. Im Juli 1940 wurde ein neues Marineausbildungszentrum eröffnet, um jedes neu in den Dienst gestellte Geleitschiff intensiv zu schulen. Offiziere, die sich zwischen ihren Einsätzen ausruhten, wurden aufgefordert, ihre Erfahrungen weiterzugeben und mit Wissenschaftlern ihre Ideen zu neuen Abwehrmaßnahmen zu erörtern. Im Kampf gegen die Rudeltaktik wurden zwei Geräte zum Standard: die „Huff-Duff"-Kurzwellenpeilung und das Zentimeterwellenradar 271. Beide Geräte wurden im Sommer 1941 auf See eingesetzt.

Der Eintritt der USA in den Krieg im Dezember 1941 führte dazu, dass viele weitere Geleitschiffe gebaut wurden. US-Wissenschaftler produzierten eine Reihe neuer Waffen. Die so genannte Mine Mk 24

(„Fido") war tatsächlich ein Akustiktorpedo, der aus der Luft abgeworfen wurde. Sie stellte ab 1942 eine tödliche Waffe gegen tauchende deutsche U-Boote dar. Die luftgestützte U-Boot-Bekämpfung wurde ebenfalls technisch verbessert. Eine bessere Koordination zwischen Schiffen und Flugzeugen erhöhte die Leistungsfähigkeit. Die Einführung der auf Langstrecke umgerüsteten Liberator-Bomber und kleinerer Flugzeugträger überbrückte endlich die Lücke im Mittelatlantik. Das offensive Verminen, insbesondere gegen die unter Engpässen lauernden deutschen U-Boote, erwies sich als genauso tödlich wie 25 Jahre zuvor. Dennoch war wieder einmal die Kryptographie die wirkungsvollste Waffe. Die größten Anstrengungen der britischen und amerikanischen Kryptographen galten der U-Jagd. Ohne die Kryptographie wäre die Schlacht im Atlantik vielleicht nicht gewonnen worden.

Auch im Pazifik war die U-Jagd wichtig. Allerdings machte die relativ unausgereifte Taktik der japanischen U-Boot-Flotte den amerikanischen Konvois das Leben leichter. Die Erfahrungen aus der Atlantikschlacht wurden hier genauso konsequent angewandt, was an den japanischen Verlusten abzulesen war.

PARANOIA NACH DEM KRIEG

Nach 1945 war die Situation völlig anders als in den zwanziger Jahren. Es kam sofort zu Unstimmigkeiten zwischen den westlichen Alliierten und der Sowjetunion. So wurde die NATO zur Verteidigung Westeuropas gegründet, während die Vereinigten Staaten eine Reihe weiterer regionaler Zusammenschlüsse unterstützten. Stalin baute unverzüglich eine große Marine mit einer möglichst großen U-Boot-Flotte auf. Die U-Jagd genoss bei der US Navy und ihrem größten Partner im Atlantik, der Royal Navy, auch weiterhin eine hohe Priorität.

Viele der Waffen und Sensoren waren Projekte aus dem Krieg, und an neuen Ideen mangelte es auch nicht. Die treibende Kraft waren die fortschrittlichen Projekte aus Deutschland. Dazu zählten insbesondere das U-Boot vom Typ XXI, das Antriebssystem von Walter und fortschrittliche Torpedos. Da die Russen einen Teil der Beute abbekommen hatten, war klar, dass Stalins neue U-Boot-Flotte in Kürze diese Fortschritte aufweisen würde.

Für die Briten und die Amerikaner war es unangenehm, dass die schnellen U-Boote die meisten Geleitschiffe und Fregatten aus Kriegszeiten überholen konnten. Als Antwort darauf wurden einige Zerstörer umgebaut. Ihre traditionelle Aufgabe, die Überwasserangriffe, gab es praktisch nicht mehr, dafür hatten sie aber die notwendige Geschwindigkeit, um ein gesichtetes U-Boot bei schlechtem Wetter zu verfolgen. Die US Navy machte sich daran, die aus Kriegszeiten stammenden Klassen „Fletcher", „Gearing" und „Allen M. Sumner" umzubauen. Die Royal Navy hingegen baute viele ihrer Zerstörer zu Fregatten der Typen 15 und 16 um und entwickelte eine neue Generation schneller Fregatten. Die Kriegsflotte der diesel-elektrischen U-Boote erhielt eine neue Aufgabe als U-Jagd-U-Boot.

Bis Mitte der fünfziger Jahre betrug die durchschnittliche Reichweite eines Sonargeräts etwa 1370 m. Die U-Boot-Bekämpfung war innerhalb dieser Entfernung wirksam. Neue Sonargeräte wie das SQS-4 der US Navy hatten eine Reichweite von 4500 m, bei guten Bedingungen sogar das Doppelte. Dafür musste eine neue Reihe von Abstandswaffen entwickelt werden, die raketengestarteten Torpedos (RAT), die U-Jagdhubschrauberdrohne DASH und der Langstreckentorpedo Mk 37. Die Royal Navy baute eine verbesserte Squid, den Mörser Limbo Mk 10 und sogar ein bemanntes Gegenstück zum DASH. Leichte Hubschrauber wurden von Fregatten gestartet. Die Kanadier gingen sogar einen Schritt weiter und ließen den wesentlich größeren *Sea King* von ihren Fregatten fliegen. Die Leistung der Sonargeräte übertraf weiterhin die der Schiffsbewaffnung. Zu Beginn der sechziger Jahre hatte das Sonar SQS-26 eine zuverlässige direkte Reichweite von bis zu 18 000 m. Theoretisch konnte es die erste Konvergenzzone bei 64 000 m erreichen.

Das DASH-System erwies sich als unzuverlässig. Die US Navy hielt schließlich die britischen und kanadischen Ideen für brauchbarer. Das LAMPS-Programm für leichte luftgestützte Mehrzweckwaffen brachte den Kaman SH-2 *Seasprite* (LAMPS I) hervor, dessen modernes Gegenstück der Sikorsky SH-60 *Seahawk* (LAMPS III) ist. Der DASH und der britische Westland Wasp hatten ihre Leichtgewichtstorpedos abgeworfen, nachdem der Kontakt vom Sonar des Mutterschiffs geortet worden war. Die größeren Hubschrauber wie der *Sea King* und der *Seahawk* konnten sowohl als Jäger als auch als Zerstörer operieren, indem sie ein Tauchsonar einsetzten, das von dem schwebenden Hubschrauber heruntergelassen wurde. Damit sind Hubschrauber für die moderne U-Jagd praktisch unentbehrlich.

DAS SCHALLÜBERWACHUNGSSYSTEM DER NATO

Bis 1991 überwachte die NATO die sowjetische U-Boot-Flotte fast täglich. Gestützt war sie auf das SOSUS-System, eine Reihe passiver Empfänger, die entlang der Route der sowjetischen U-Boote zum Atlantik heimlich auf dem Meeresgrund verlegt wurden. Dort hätten die U-Boote bei einem Dritten Weltkrieg ihr Operationsgebiet gehabt. SOSUS arbeitete wie Ultra im Zweiten Weltkrieg. Es ermöglichte den U-Jagd-Streitkräften, Kontakte zu orten. Die von den Antennen empfangenen Daten wurden an Küstenstationen weitergeleitet, verarbeitet und dann an die „Waffen", d. h. Flugzeuge, Schiffe und U-Boote zurückgesendet. Im Laufe der Jahre wurden auch die kleinsten Veränderungen in den akustischen Signaturen der sowjetischen U-Boote in elektronischen Datenbanken gespeichert. In seiner Glanzzeit konnte das Gerät nicht nur zwischen einer „Viktor III" und einer „Viktor II" unterscheiden, sondern auch die Tatsache, dass es eine „Viktor III" war, die sich mit einer Geschwindigkeit von 20 Knoten fortbewegte, ja sogar um welche „Viktor III" es sich handelte.

Alle U-Boote geben Geräusche von sich, z. B. die regelmäßigen Geräusche mechanischer Vibrationen, der Propellerkavitation oder externe Fließgeräusche und dazu gelegentlich kurze Geräusche wie z. B. das Öffnen einer Klappe oder des Mündungsdeckels eines Torpedorohres. Diese Geräusche werden entweder als Spektrum übertragen, wobei die einzelnen Geräuschquellen durch Linien in fundamentalen oder harmonischen Frequenzen identifiziert werden, oder als permanentes Breitbandgeräusch. Das Isolieren, Klassifizieren und Identifizieren dieser Quellen lässt sich mit der Analyse der Musik eines Symphonieorchesters vergleichen, die dem Hörer die Erkennung der einzelnen Instrumente ermöglicht.

Dank Verbesserungen beim Gewinn der Hydrophongruppe, d. h. des niedrigsten Geräuschpegels, der noch geortet werden kann, konnte die Konvergenzzone voll ausgenutzt werden, in der die Lautpfade ins offene Meer übergehen. So ist die Ortungs-Reichweite in den letzten vierzig Jahren stark angestiegen. Im Gegensatz zur Atmosphäre ist Wasser ein kompliziertes Medium, das Geräusche sehr leicht verzerrt, aber über große Entfernungen weiter tragen kann. Anders als das Radar, das zur Vergrößerung der Reichweite starke Quellen benötigt, kann ein Sonargerät eine große Reichweite mit Niederfrequenzgeräuschen erzielen. Dieser Vorteil liegt in der Art der Datenverarbeitung begründet. Der einzige Nachteil von SOSUS war, dass die U-Jagd-Truppen zu einer passiven Sperrstrategie gezwungen waren. Dabei mussten die Schiffe hinter der Sperre warten, bis ein feindliches Schiff vorbeikam. Der nächste logische Schritt war ein bewegliches SOSUS mit einem passiven Schleppsonar, eine anglo-amerikanische Gemeinschaftsentwicklung unter der Teilnahme britischer Fir-

UNTEN: Die leichte luftgestützte Mehrzweckwaffe SH-60 Seahawk ist derzeit als Hubschrauber auf den Schiffen der US Navy im Einsatz. Er kann Seezielflugkörper abfeuern.

ENDS TEST SET
260-99-543-6573
WARNING

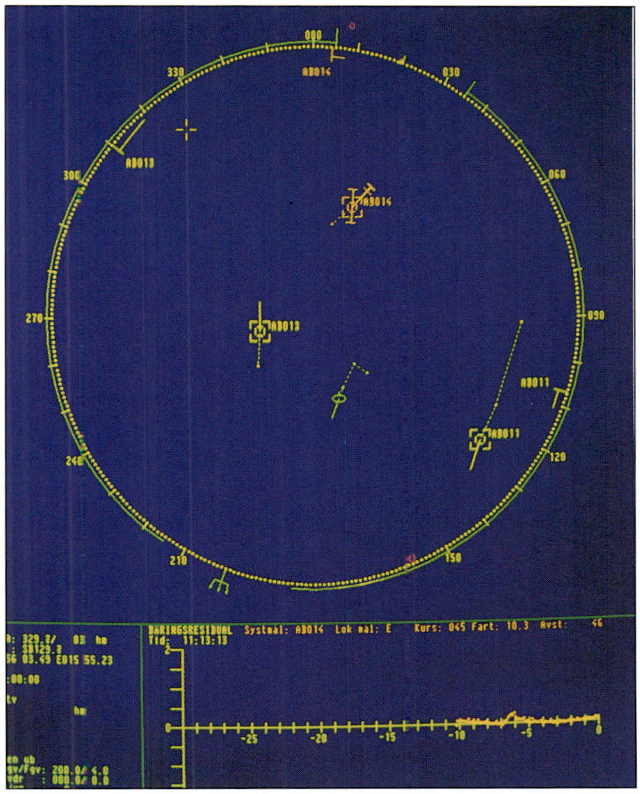

OBEN: Mit der Zielbewegungsanalyse (TMA) kann ein U-Boot Ziele mit rein passiven Sonarpeilungen verfolgen. Hier die Darstellung in der Feuerleitanlage CelsiusTech.

LINKS: Der Torpedoraum eines britischen U-Boots der „Trafalgar"-Klasse. Die Daten zu jedem Rohr werden auf der Kontrolltafel dargestellt und an das DCB-Kampfsystem übergeben.

men. Im Krieg kam ein Schleppsonar als Überwachungssensor zum Einsatz, nämlich als die HMS *Conqueror* den argentinischen Kreuzer *General Belgrano* verfolgte.

Zu Beginn der achtziger Jahre war die Schleppsonartechnik streng geheim. Heutzutage sind diese Systeme Hauptortungssensoren auf einer großen Anzahl von U-Booten und Überwasserschiffen.

DER KÜSTENKRIEG – EIN GANZ NEUES PROBLEM

Bei der Militärtechnologie bleibt kein Vorsprung lange erhalten. Bei den leiseren U-Booten genügen rein passive Sensoren nicht mehr. Die Hoffnung, dass U-Jagd-Kräfte keine aktiven Sonargeräte mehr benötigen würden, hat sich als verfrüht erwiesen. Die U-Boote wurden nicht nur leiser, sie gingen auch in seichtere Gewässer. Während das konventionelle U-Boot weitere Verbreitung findet und die Konfrontation zwischen den USA und der Sowjetunion der Geschichte angehört, gibt es

eine neue Welle der Kriegführung an der Küste mit ganz neuen Problemen.

Ein Atom-U-Boot kann seinen Reaktor nicht vollkommen abschalten und gibt ständig Geräusche ab. Das konventionelle U-Boot hingegen kann seinen Antrieb völlig ausschalten und bei nicht allzu tiefem Wasser auf dem Meeresgrund liegen. Es kann in flacheren Gewässern tauchen, wo der Widerhall der Geräusche die Leistung aller Sonargeräte verschlechtert. Während des Falklandkrieges beschränkten sich die britischen U-Jagd-Kräfte darauf, das einzige argentinische U-Boot zu orten, von dem sie wussten, dass es sich auf See befand. Es wurde befürchtet, dass es vielleicht zwischen den Wracks alter Handelsschiffe lauern könnte, die im Laufe der Jahre bei den Inseln gesunken waren. In dem Gebiet wurde vom Hubschrauber aus ein Bombenteppich aus Wasserbomben und Mörserbomben gelegt. Im offenen Meer sorgten Wale für eine Reihe von falschen Sonarechos. Mehr als 30 Leichtgewichtstorpedos Mk 46 wurden erfolglos verschossen. Man kann jedoch nicht behaupten, dass die U-Jagd nicht erfolgreich war. Wie bei der Luftverteidigung liegt der Erfolg der U-Jagd nicht in der Zahl der versenkten U-Boote, sondern

OBEN: Der Augusta-Westland EH101 Merlin wird ab 1999 der U-Jagd-Hubschrauber der Royal Navy. Mit den drei Gasturbinen hat er eine große Reichweite und Betriebssicherheit.

in der Anzahl der Schiffe, die nicht getroffen wurden. Kein britisches Kriegs- oder Handelsschiff wurde durch einen U-Boot-Angriff beschädigt, also funktionierte die U-Jagd-Strategie der Royal Navy. Die Erfahrungen mit der neuen Generation automatischer Passivsonarsysteme vom Typ 2016, haben gezeigt, dass sie die Bediener entlasten. Es gab auch Bedarf an einer Waffe mit „Knalleffekt". Ein Beinahetreffer eines zielsuchenden Torpedos war nichts im Gegensatz zu der Auswirkung, die die permanenten Wasserbombenexplosionen auf die Moral der Besatzung hatten.

Es gibt eine Reihe interessanter nicht-akustischer Methoden zur U-Boot-Ortung, wie z. B. das Messen einer „thermischen Narbe" an der Wasseroberfläche und der kleinsten Unterschiede in der Wellenhöhe, die durch das Vorbeifahren eines tauchenden U-Boots verursacht werden. Allerdings funktionierten sie außerhalb des Labors nicht besonders gut. Der Ozean ist sehr groß und unterliegt ständigen Veränderungen durch Wind und

Gezeiten. So detaillierte Beobachtungen großer Flächen sind nicht durchführbar. Blau-grüne Laser bieten zwar einige Hoffnung für das Durchdringen trüber Tiefen, sind jedoch noch nicht gut genug, um akustische Sensoren zu ersetzen.

NEUE LÖSUNGEN

Das Seeaufklärungsflugzeug (MPA) bleibt die rechte Hand der U-Jagd. Verschiedene Sonobojen liefern Informationen über die Richtung eines tauchenden U-Boots. Außerdem verfügt es über ein MAD-Gerät zur Erfassung von Magnetfeldstörungen und sogar „Sucher", um die Infrarotsignatur eines U-Boots zu orten, das seinen Schnorchel benutzt. Das erfolgreichste MPA ist die Lockheed P-3 Orion, die in großer Anzahl gebaut wurde und immer noch verbessert wird, um mit der Bedrohung Schritt zu halten. Daneben gibt es die französische *Breguet Atlantique* und die britische *Nimrod.* Keines kann jedoch der hervorragenden P-3 das Wasser reichen. Seeaufklärungsflugzeuge sind jedoch nur so gut wie ihre Waffen und Sensoren. Es ist noch viel zu tun, um Tiefsee-U-Jagd-Techniken für eine neue Art der Kriegführung zu übernehmen und zu entwickeln.

Die Mine ist immer noch eine tödliche U-Boot-Abwehrwaffe. Zu den neuen „intelligenten" Minen zählt die verankerte US-Torpedomine Mk 60 CAPTOR mit einem Torpedo Mk 46 Mod 4, der auf die Geräusche vorbeifahrender U-Boote reagiert. Auch die traditionellen Ankertauminen werden in tiefen Gewässern gegen U-Boote eingesetzt. Vor einigen Jahren sollte eine Mine für mittlere Wassertiefen entwickelt werden, die aber wegen schwerwiegender technischer Probleme scheiterte. Die Russen mit ihren 140 Jahren Erfahrung in der Minenkriegführung behaupten, eine Lösung zu haben. Das Gidropribor-Büro in St. Petersburg vertreibt eine Festlandsockelmine für Tiefen zwischen 60 und 300 m. Es handelt sich hierbei um eine Entwicklung aus der U-Jagd-Mine PMK-1, die eigentlich ein Startgerät für einen raketengestarteten Torpedo ist. Wenn ein Signal des akustischen Sensors empfangen wird, startet der Torpedo, der über eine kurze Distanz von ein paar hundert Metern eine Geschwindigkeit von 60 m pro Sekunde, d. h. ungefähr 120 Knoten, erreicht. Sein hochexplosiver 300-kg-Gefechtskopf kann bei Kontakt gesprengt werden, entweder mit Zeitverzögerung oder durch Einwirkung. Damit kann das größte U-Boot versenkt werden.

UNTEN: Der schwere drahtgelenkte 53-cm-Torpedo Tp 62 von Bofors Underwater Systems (vorher Tp 2000) wird mit hochoktanigem Peroxyd angetrieben. So ist er extrem schnell und erzeugt keinen Nachstrom.

NEUE ÜBERLEGUNGEN

Alle führenden Marinen müssen ihre Einsatzprioritäten und ihre Taktik überdenken. Der weltweite Trend hin zu einer kleineren Anzahl hochwertiger Handelsschiffe bedeutet, dass nicht mehr so viele Schiffe beschützt werden müssen. Außerdem haben die Marinen keine großen Reserveflotten mehr. Neue Kriegsschiffe können auch nicht schnell gebaut werden. Das zu Grunde liegende Prinzip ist jedoch immer noch von Bedeutung. U-Boote sind am ehesten in der Nähe ihrer Ziele zu finden. U-Jagdkräfte werden am besten zum Schutz kleiner Gruppen wertvoller Schiffe und Einsatzverbände eingesetzt und nicht für offensive Patrouillen. Sicherheit und Mo-

bilität sind die Hauptziele der Seemacht, gerade bei friedenserhaltenden Maßnahmen. Das alte Konzept der Seeherrschaft mag überholt sein, vor allem wegen der Atom-U-Boote. Sie kann jedoch immer noch über ein kleines Gebiet ausgeübt werden, um spezielle eingeschränkte Ziele durchzusetzen.

DIE ZUKUNFT DES U-BOOTS

Auch am Ende dieses Jahrhunderts bleibt das U-Boot bedrohlich wie eh und je. Es ist eine tödliche Waffe für die Marinekriegführung, und es hat niemals seine Unheimlichkeit verloren. Der Grund dafür ist vielleicht, dass die erfolgreiche U-Boot-Kriegführung den Seefahrer absichtlich der Gnade der See aussetzt. Auch Todfeinde wissen seit jeher, dass der wahre Feind aller Seefahrer die See ist. Auf merkwürdige Art und Weise verbünden sich U-Boot-Fahrer mit diesem Feind. Die U-Boot-Kriegführung ist sicher nichts für schwache Naturen, wie die Besatzung der *General Belgrano* feststellen musste.

Dank des damit verbundenen Prestiges wird das U-Boot von einer wachsenden Anzahl kleiner Marinen beschafft. Sein Abschreckungswert wird sich nicht verringern. Die U-Boot-Fahrer übertreiben, wenn sie behaupten, dass alle Probleme der Seeherrschaft gelöst werden, wenn die Mittel für Überwasserschiffe in U-Boote investiert würden. 1981 schlug ein britischer Verteidigungsexperte vor, als Antwort auf die sowjetische Bedrohung die Ressourcen auf eine kleine Flotte von Atom-U-Booten und Seeaufklärungsflugzeugen zu konzentrieren. Als Überwasserflotte würde eine Hand voll kleiner Mehrzweckschiffe für den Betrieb der Schleppsonare genügen.

Es ist eine Regel des Krieges, dass keine mächtige Waffe für immer mächtig bleibt. Je größer die Bedrohung ist, um so dringender ist auch die Suche nach einer Gegenmaßnahme dafür. Ein große Menge Geldes wird weiterhin in die Forschung investiert. Falls einige der nicht-akustischen Sensoren, auf der Erde oder im Weltraum stationiert, im zweiten Viertel des nächsten Jahrhunderts das erfüllen, was sie versprechen, könnte das U-Boot dem Weg des Kampfschiffes folgen. Das mag zwar für die U-Boot-Waffe eine bittere Pille sein, aber es gibt keinen sachlichen Grund, warum das nicht geschehen könnte. Bis zu diesem Zeitpunkt jedoch werden das U-Boot und seine Jäger noch viele Ressourcen verschlingen, und es wird weiterhin seinen Einfluss auf die maritime Kriegführung ausüben.

UNTEN: Ein U-Boot der südafrikanischen Marine landet einen Volltreffer in einem Ziel. Es führt am Kap der Guten Hoffnung Erprobungen mit einem schweren Torpedo durch.

Register

Hinweis: Seitenzahlen in *Kursivschrift* beziehen sich auf Abbildungen